A ma mère

Un premier livre
tant attendu

Les Éditions du Boréal
4447, rue Saint-Denis
Montréal (Québec) H2J 2L2
www.editionsboreal.qc.ca

Dialogue sur les pays neufs

ŒUVRES DE GÉRARD BOUCHARD

La Nation québécoise au futur et au passé, Montréal, VLB éditeur, 1999.

Quelques Arpents d'Amérique. Population, économie, famille au Saguenay, 1838-1971, Montréal, Boréal, 1996.

Tous les métiers du monde. Le traitement des données professionnelles en histoire sociale, Sainte-Foy, Presses de l'Université de Laval, 1996.

Pourquoi des maladies héréditaires? Population et génétique au Saguenay-Lac-Saint-Jean (en collaboration avec Marc de Braekeleer), Sillery, Septentrion, 1992.

Histoire d'un génôme. Population et génétique dans l'est du Québec (en collaboration avec Marc de Braekeleer *et al.*), Québec, Presses de l'Université du Québec, 1991.

Les Saguenayens. Introduction à l'histoire des populations du Saguenay, XVIᵉ-XXᵉ siècles (en collaboration avec Christian Pouyez, Yolande Lavoie, Raymond Roy *et al.*), Québec, Presses de l'Université du Québec, 1983.

Le Village immobile. Sennely-en-Sologne au XVIIIᵉ siècle, Paris, Plon, 1972.

Gérard Bouchard
Michel Lacombe

Dialogue sur les pays neufs

Boréal

Les Éditions du Boréal remercient le Conseil des Arts du Canada ainsi que le ministère du Patrimoine canadien et la SODEC pour leur soutien financier.

Photo de la couverture : Martine Doyon

Diffusion au Canada : Dimedia
Diffusion et distribution en Europe : Les Éditions du Seuil

Données de catalogage avant publication (Canada)
Bouchard, Gérard, 1943-

Dialogue sur les pays neufs
ISBN 2-7646-0005-4

1. Bouchard, Gérard, 1943-   – Entretiens. 2. Québec (Province) – Histoire – Autonomie et mouvements indépendantistes. 3. Ethnicité – Québec (Province). 4. Québec (Province) – Civilisation. 5. Nationalisme – Québec (Province). 6. Historiens – Québec (Province) – Entretiens. 7. Sociologues – Québec (Province) – Entretiens. I. Lacombe, Michel, 1945-   . II. Titre.

FC151.B67A5   1999   971.4'007'202   C99-941643-X
F1024.6.B67A5   1999

Avant-propos

L'idée de faire ce livre s'est imposée après une entrevue d'une heure à la radio, au printemps 1998. Une heure, juste assez pour avoir envie d'aller beaucoup plus loin, comme on voudrait le faire à la fin d'un très bon film, quand on se dit qu'on n'a pas envie que ça s'arrête. En éliminant le deadline journalistique, nous voulions, Gérard Bouchard et moi, avoir le temps d'exprimer complètement certaines idées de façon que tout le monde comprenne d'où elles viennent et à quoi elles servent. Et puis même si, à cause de mon métier, j'ai une certaine difficulté à l'admettre, les écrits restent et les paroles s'envolent.

Nous avons voulu vous offrir une discussion entre un spécialiste, l'historien, et un profane, le journaliste, sur l'origine de nos états d'âme collectifs. Comment la société québécoise est-elle devenue ce qu'elle est? D'où viennent nos certitudes et nos doutes? Quelle sorte d'avenir semble nous dessiner notre passé? Gérard Bouchard a compris et accepté avec beaucoup de générosité mon ambition de rendre passionnante pour tout le monde une démarche habituellement réservée aux spécialistes. Mais, en plus, il a accepté de me laisser mener notre travail de la manière que je l'entendais, avec les points de départ inattendus et les illustrations parfois saugrenues que propose l'expérience journalistique à la science.

Si vous avez comme moi appris l'histoire à une autre époque, vous serez enchantés de la façon contemporaine d'aborder cette discipline, par les mouvements des peuples et les modifications des organisations sociales, et non plus par les seuls faits d'arme des héros ou leurs coups de génie. L'histoire, comme nous l'exposons ici, est une science de la liberté qui éclaire la nature des choix du présent en expliquant les choix du passé chez nous et ailleurs. Par exemple, on sait que l'identité est mise à mal partout, mais sait-on que la plupart des grandes identités ont été imposées d'autorité dans l'histoire des peuples? On pense souvent aussi que la politique est disqualifiée aujourd'hui, écrasée par l'économique, mais l'État est encore l'instrument principal et essentiel de la démocratie.

Pour les déprimés de l'histoire et les découragés de l'actualité, la comparaison avec les autres sociétés est une grande et profonde respiration, et la compréhension de notre passé, un apaisement. Et ce qui fascine tout de suite chez Gérard Bouchard, c'est la capacité de placer les réalités québécoises dans un contexte mondial, en comparant les sociétés entre elles, les périodes de l'histoire l'une à l'autre et la représentation officielle des peuples avec le véritable comportement des populations. Pour un journaliste, le défi de simplifier tout cela pour que le grand public puisse en profiter était irrésistible. Je pense que, dans nos sociétés, le journaliste peut être utile pour trouver un langage commun.

Dans la mesure où nous avons réussi, chacun pourra se servir de ce livre pour refaire sa réflexion politique, quelles que soient ses origines, ses allégeances ou sa date d'arrivée dans cette terre d'Amérique francophone.

Michel Lacombe

CHAPITRE I

Le chemin du Général

M. LACOMBE. Commençons en 1967. Au moment où le général de Gaulle nous désigne ainsi, les « Français du Canada ». On se rend compte qu'il utilise une expression désuète. Cette expression choque des gens et fait plaisir à d'autres. Vous, comment avez-vous réagi?

G. BOUCHARD. Pour ma part, j'étais assez content. Avec un recul de trente ans, bien sûr, on peut repenser aux mots qu'il a utilisés et, évidemment, on peut être en désaccord sur la forme. Mais sur le fond, qu'il vienne affirmer au nom d'un grand pays notre présence, notre existence francophone dans l'ensemble canadien, c'était très bien pour la francophonie québécoise. Le gouvernement canadien a été obligé d'en tenir compte beaucoup plus qu'auparavant. En outre, je pense que tout cela a donné plus de fierté, plus de confiance aussi aux Canadiens français du Québec.

M. L. Mais l'expression même « Français du Canada », au sens strict des mots?

G. B. Si on s'arrête au sens strict, on peut dire qu'il y a quelque chose qui cloche, bien sûr. Parce que les Québécois ne sont pas des Français du Canada. Ce sont des Francophones d'Amérique. Et la francophonie du Québec est différente de celle de la France, comme elle est différente de la francophonie belge ou suisse. Mais la référence à la France est importante traditionnellement, parce qu'on a toujours considéré, et avec raison, que les Francophones québécois descendaient des Français, des Européens. L'origine du peuplement dans la vallée du Saint-Laurent, ce sont des immigrants français et, jusqu'en 1760, la plupart des immigrants qui y sont venus étaient des Français. Cela dit, et c'est ce que vous voulez souligner, il faut aussi faire la part de tout un travail de différenciation qui s'est accompli pendant près de quatre siècles, qui a transformé l'héritage français et européen pour en faire quelque chose d'original et de spécifique, de différent de ce qu'il était à l'origine. Si bien que nous sommes devenus des Québécois. En plus, il y a eu bien sûr les apports amérindien, anglophone et autres.

M. L. Mais est-ce que ça ne va pas plus loin que ça? Il y a toutes sortes de gens, même des souverainistes, qui ont été choqués de cela, se faire appeler des « Français du Canada ». Parce que, pour plusieurs, la distance qui nous sépare de la France depuis le temps est tellement grande que c'était un peu ridicule de la part du Général d'utiliser cette expression-là.

G. B. Je ne peux pas dire que ma réaction ait été aussi vive. Je n'ai pas trouvé cela ridicule non plus. Par contre, je comprends bien votre réaction, parce que c'est vrai que nous ne sommes pas des Français. Nous sommes des Francophones.

M. L. Expliquons tout de suite ces mots-là : « francophonie, francophone ». Je sais qu'anglophone, ça écorche les oreilles des Anglais. Je pense à Reed Scowen, par exemple, qui a écrit à leur intention : « Refusez qu'on vous appelle comme ça, *you are English*, on dit *English*, *French*, on ne dit pas Francophone, Anglophone[1] ». Quel est le sens du mot « Francophone », qu'est-ce qu'il définit ?

G. B. Quand Reed Scowen dit aux Canadiens anglais : « Vous n'êtes pas des Anglophones, vous êtes des Anglais », c'est un peu la même chose que ce que le général de Gaulle nous a dit. C'est comme dire aux Québécois : « Vous êtes des Français ». Or les Canadiens anglais ne sont pas des Anglais, pas plus que les Canadiens français d'aujourd'hui ne sont des Français. Ce ne sont pas des Britanniques, mais des Anglophones. Ils sont devenus eux aussi autre chose, politiquement et culturellement. Et puis, avec le temps, une grande variété d'immigrants se sont intégrés à ce vieux groupe ethnique. Il s'est produit une évolution du côté du Canada anglais dans ses rapports avec l'Angleterre, la mère patrie, qui est parfaitement symétrique, analogue à celle que nous avons parcourue de notre côté par rapport à la France. Nous sommes devenus quelque chose de différent et nous avons tous été emportés exactement par le même courant, sauf que je ne sais pas dans quelle mesure ils le reconnaissent. Je ne sais pas dans quelle mesure ils se perçoivent encore comme des descendants de Britanniques ou des « cousins » de Britanniques. Mais enfin, pour nous, ce n'est plus ça. Entre l'Europe et nous, il y a un océan et près de quatre siècles d'histoire.

---

1. Reed Scowen, *A Different Vision : the English in Quebec in the 1990's*, Maxwell MacMillan Canada, Don Mills, 1991.

Francophone = international

M. L. Alors « Francophone » plutôt que « Français », c'est un mot d'ouverture, c'est un mot moderne, c'est un mot qui veut dire, « pas seulement la descendance directe ». Pour vous, c'est donc un mot qui dévoile une idée importante ?

G. B. Absolument. Je trouve que c'est un mot très riche, englobant, et je me reconnais pleinement dans l'idée qu'il exprime, et pour trois raisons. D'abord parce qu'il désigne l'appartenance à un ensemble très important à l'échelle internationale. Cela veut dire que nous avons quelque chose en commun avec de grands pays, de vieilles nations comme la France, la Belgique, la Suisse, plusieurs pays d'Afrique, certains pays du Moyen-Orient et d'ailleurs.

Nous avons donc quelque chose en commun avec un ensemble international extrêmement puissant. C'est un élément qui donne beaucoup de poids, beaucoup de substance ; il nous apporte une sorte de sécurité collective, tout au moins sur le plan culturel. Ce n'est donc pas s'isoler ou s'affaiblir que de cultiver une référence à la francophonie. Je trouve cela, au contraire, très précieux. On parle quand même ici de plus de 120 millions de personnes. Deuxièmement, « Francophone » par rapport à « Français », c'est un concept qui rappelle, qui résume toute l'histoire que nous avons vécue ici et qui a fait de la population laurentienne quelque chose de singulier. Il y a une troisième raison. « Francophone », c'est un mot qui nous permet de déployer toute notre identité, notre appartenance pluraliste, parce que la francophonie est un environnement large, qui peut abriter beaucoup de diversité culturelle, un grand nombre d'identités, en l'occurence toutes celles qui ont nourri et qui constituent aujourd'hui la nation québécoise.

M. L. Donc une ouverture à l'extérieur, vers le vaste monde, mais ouverture à l'intérieur aussi, d'accueil.

G. B. Oui voilà, une ouverture qui s'organise de façon singulière dans cette francophonie enracinée dans la vallée du Saint-Laurent, et qui nous ressemble, qui met nos représentations en accord avec notre réalité. Elle est synonyme d'ouverture aussi parce qu'elle affirme ce que nous avons en commun avec d'autres nations, d'autres collectivités. C'est d'abord la référence ancienne à la France, avec son cortège de grands esprits, de grands auteurs, de grandes traditions culturelles, et puis ensuite la langue, qui est un dénominateur commun extrêmement précieux dans le monde où nous vivons. Ça l'est même plus que jamais. Quand on parle de mondialisation, on parle de tout ce qui nous permet de nous projeter à une échelle plus vaste que celle dans laquelle nous vivons immédiatement. La langue anglaise, bien sûr, est un puissant vecteur, ce n'est pas la peine d'insister. Mais la langue française aussi. Et nous avons de la chance justement, comme Canadiens français, d'avoir cette langue comme langue maternelle, et l'autre comme langue seconde. Ce serait bien différent si nous avions été une colonie hollandaise ou portugaise, par exemple. Cela dit, l'idéal évidemment, c'est de n'avoir été la colonie de personne. Mais ce n'est pas notre cas.

M. L. Quand le général de Gaulle a dit « Français du Canada », faut-il comprendre le Canada tel qu'on le connaît?

G. B. Il faut insister d'abord sur ce fait que le Canada français auquel se référait le Général, c'était pour nous le Québec, c'est-à-dire quelque chose de très différent de ce que donne à croire la tradition, l'origine française. Je reviens à ce que je disais à l'instant : le Québec, ce n'est plus la Nouvelle-France, c'est une société, une culture qui a longtemps évolué dans l'isolement par rapport à la France, en tout cas dans la distance, et qui a trouvé les moyens de se reproduire, de survivre et de se développer grâce à ses capacités d'adaptation, d'invention, mais aussi grâce aux emprunts à l'environnement nord-américain, des emprunts nombreux du côté des Amérindiens, du côté de tous les immigrants britanniques aussi, comme de tous les autres qui sont venus au Québec : Irlandais, Juifs, Allemands, Italiens, Grecs, etc.

La culture québécoise, c'est un condensé de tout cela. Autour, bien sûr, d'un noyau fondateur qui était français, nous sommes parfaitement d'accord. Ce noyau fondateur s'est reproduit en se transformant, et en même temps il s'y est greffé toutes sortes de choses, et c'est cela qui s'appelle la francophonie québécoise aujourd'hui. C'est devenu quelque chose de très différent de la culture française. Les Québécois qui vont en France pour la première fois s'en rendent vite compte. Ces malentendus, ces déconvenues qu'y subissent les Québécois francophones font maintenant partie de notre folklore. Au fond, ce que ces gens-là racontent à leurs familles et à leurs amis lorsqu'ils reviennent de leur premier voyage européen, c'est un peu ce que les sociologues, les historiens et les ethnologues font à leur manière ; ils font leur propre théorie du choc culturel qu'ils ont vécu et qui les a un peu traumatisés. Et moi, bien sûr, ça m'est arrivé exactement comme à tout le monde.

Français ou Américain ?

M. L. Racontez-moi ce voyage d'un Québécois en France.

G. B. C'était à l'occasion de mes études de doctorat à Paris, entre 1968 et 1971. Comme tout le monde, j'aurais bien des anecdotes à raconter, la plupart anodines, d'autres un peu moins. La vie quotidienne était fertile en incidents. Par exemple, quand on se promène au marché pour acheter des légumes, il y a des amoncellements impressionnants de tomates parfaitement rangées, en pyramides. Nous, au Québec, quand on choisit des légumes et des fruits, on les regarde avec les mains. Mais là-bas, il fallait regarder avec les yeux seulement. Alors il y avait une vieille dame qui me surveillait d'un œil noir, et moi je « regardais » les tomates. Ça s'est assez mal terminé ; à cause de la vieille dame, qui n'avait pas bon caractère, et aussi à cause du principe pyramidal, si vous me suivez… Le lendemain, il y avait encore du jus de tomate sur l'asphalte. J'ai dû régler le coût de toute la pyramide.

Une autre fois, c'était à l'hôtel de ville de Paris où je m'étais rendu pour obtenir la carte de séjour. Or, pour ce faire, il fallait que j'aie ma carte d'étudiant. Il fallait donc aller au ministère des Affaires étrangères, je crois, mais quand on allait là pour obtenir la carte d'étudiant, on se faisait dire qu'il fallait détenir d'abord la carte de séjour. J'ai fait deux ou trois fois l'aller-retour à travers Paris, entre le ministère et l'hôtel de ville. Finalement, j'en ai eu assez et je me suis mis en colère. Mais vraiment en colère. Je me souviens qu'ils avaient dû faire venir les gendarmes. On m'avait fait entrer dans un local où il y avait un directeur devant lequel on m'avait fait comparaître, en quelque sorte.

Entre-temps, j'avais eu le temps de me calmer. Je m'étais assis et j'attendais des sanctions, un peu piteux. Le type m'avait dit en souriant : « Alors, ces Canadiens, qu'est-ce qu'ils ont comme tempérament ! » Puis on s'était mis à bavarder, à faire des blagues. Finalement, il m'avait fait passer derrière le guichet et m'avait remis tous mes papiers. Il m'avait donné congé en me serrant la main très gentiment. À partir de ce moment, j'ai toujours su me débrouiller avec l'administration française, sans qu'on ait à faire intervenir les gendarmes ! J'ai toujours entretenu aussi d'excellents rapports avec les vendeuses de tomates.

La plus grande surprise, ça a été la langue bien sûr ; de réaliser que, plusieurs fois dans la même journée, au café, dans les magasins ou dans des bureaux, je n'arrivais pas à me faire comprendre. Par exemple, j'ai découvert que l'hiver parisien est très froid, j'ai donc voulu m'acheter une *calotte*. Essayez donc de vous acheter une *calotte* à Paris, vous verrez. Quelques vendeuses des Galeries La Fayette, de vieilles dames très distinguées, ont passé un bon moment grâce à moi. Pince-sans-rire, elles me demandaient : « Monsieur est cardinal ? ou entend le devenir ? » Finalement, je me suis amusé moi aussi, mais pas autant qu'elles. À partir de ce moment, je n'ai plus porté que des *casquettes*. Je découvrais que de nombreux mots ou expressions, qui me paraissaient parfaitement français, en réalité ne l'étaient que pour nous. Mon parler faisait beaucoup sourire aussi mes amis parisiens, pas méchamment mais tout de même. À la fin, tout cela m'a un peu agacé et j'ai pris le parti d'utiliser l'accent et les mots qu'ils comprenaient, ceux de l'Hexagone. Finalement, comme tous les Québécois à Paris à cette époque-là, je prenais conscience de mon américanité ; c'est le mot qu'on employait déjà pour caractériser cette expérience identitaire. Assez curieusement, après trois années d'une vie très intense, très intégrée au milieu parisien, lorsque je suis revenu au Québec en 1971, je me suis trouvé beaucoup plus Québécois, beaucoup moins Canadien français, au sens traditionnel.

Finalement, pour revenir à notre propos, je dirais que, en 1967, nous commencions nous-mêmes à prendre conscience de notre spécificité québécoise. Et pour plusieurs d'entre nous, c'était encore très flou à l'époque. Dans ces conditions, il ne faut pas trop reprocher au Général de ne pas en avoir eu une idée claire. Il nous a fallu plus de trente ans pour mettre un peu d'ordre là-dedans.

M. L. À mon tour je vais vous dire pourquoi j'ai été choqué en juin 1967, quand le général de Gaulle nous a nommés :

« Français du Canada ». J'avais terminé mon cours classique depuis deux ans. Or ce cours classique chez les jésuites, à Montréal, m'avait imbu de culture française à cent pour cent : littérature, culture générale et tout. Mais au cours des deux années suivantes, j'ai refait tout mon bagage, à cause d'une femme, en culture américaine. J'ai lu, j'ai découvert la littérature américaine, j'ai découvert le cinéma américain et j'ai découvert comment j'étais à l'aise en tant que Québécois dans ce monde-là.

G. B. Vous avez découvert tout ce qui était évacué par le cours classique.

M. L. Exactement. Alors je me demandais d'où il sortait ça, le Général. Vous comprenez ma réaction ? J'ai été choqué, parce qu'il ne respectait pas mon américanité.

G. B. Il me semble que vous auriez pu vous fâcher un peu aussi contre les jésuites, non ? Je vois bien ce que vous voulez dire mais je demeure surtout très sensible à la dimension politique de cette intervention. Et puisque vous parlez du cours classique, je me souviens très bien à quel point cet enseignement au Saguenay — mais c'était à peu près la même chose partout au Québec — évacuait la littérature américaine. Mais je ne m'en suis avisé que beaucoup plus tard.

Il évacuait la philosophie américaine aussi. Nous avions un professeur qui nous expliquait qu'il n'y avait pas de philosophie américaine, qu'il n'y avait pas de philosophes importants aux États-Unis ; donc cela ne valait pas la peine de les étudier. John Dewey, William James, Thoreau, Emerson et les autres, cela n'existait pas. La philosophie, c'était européen. C'est assez extraordinaire. J'ai été élevé dans une grande ignorance des États-Unis. Je dirais même dans une espèce de mépris de ce qui était américain.

M. L. Une culture vulgaire!

G. B. Une culture épaisse, disons le mot : le baseball, les hot-dogs, le matérialisme, un pragmatisme à courte vue. C'était un aplatissement extraordinaire de la culture états-unienne, sans nuance.

M. L. Mais comment se fait-il que lorsqu'on découvre la culture américaine, malgré ces empêchements culturels qu'on nous mettait dans les jambes ici, on s'y retrouve, c'est automatique. Nous sommes des Américains, dans le fond ; le général de Gaulle aurait dû dire « Français d'Amérique » ou « Américains ex-français ». Ou comment aurait-il pu nous appeler?

G. B. Il aurait pu nous nommer : Francophones d'Amérique ou Québécois. Mais, encore une fois, ne soyons pas trop sévères, parce qu'en 1967 il n'y avait personne au Québec qui se percevait comme « francophone » et il n'y avait pas encore beaucoup de gens qui se désignaient comme « Québécois ». Cela commençait dans le discours politique et dans la littérature. Je ne suis même pas sûr que c'était déjà vraiment entré dans la chanson. Songez qu'aujourd'hui encore la majorité des Français nous perçoivent comme des Français du Canada.

M. L. Alors, quand j'ai découvert à vingt ans la littérature américaine, le cinéma américain et que je m'y suis retrouvé, je n'ai pas fait une expérience exceptionnelle?

G. B. Non, je ne veux pas vous décevoir, mais c'est une expérience territoriale assez typique, il me semble. Vous êtes né dans une famille du Québec, vous avez été élevé dans l'air du continent, vous vous êtes imprégné de sa manière, vous avez intériorisé des façons de faire, des perceptions, vous avez adhéré à une façon de voir le monde qui est celle qu'on a cultivée ici au Québec et qu'on s'est transmise d'une génération à l'autre. Vos parents étaient des Québécois, je ne sais pas de quel milieu social…

M. L. Je vous raconte mes origines selon le récit de mon grand-père. Nos ancêtres sont arrivés avec le régiment de Carignan, donc fin XVIIe siècle. Et puis c'est le parcours habituel : saturation des terres dans Charlesbourg et Orsainville, la banlieue agricole de Québec, la famille déménage vers Montréal, une partie se fixe à Repentigny, l'autre continue vers Saint-Eustache.

G. B. C'est très américain, au sens continental, cette expérience-là. C'est une expérience de peuplement, d'occupation du sol, d'expansion, de défrichement, de mise en place d'un habitat, d'une sociabilité, d'une culture. Tout cela, c'est l'histoire d'une collectivité neuve, finalement.

M. L. Qu'est-ce qu'on a donc en commun avec cette culture américaine, culture qu'on a voulu nous persuader de mépriser pendant un bon bout de temps et dans laquelle on se reconnaît quand même ?

G. B. On est Nord-Américains parce que, historiquement, on a parcouru tout cet espace-là. Pas tout le monde, mais beaucoup. Ceux qui ne l'ont pas parcouru l'ont imaginé, ils l'ont perçu grâce à des légendes, des mythes. Il s'agit donc d'un espace qu'on a intériorisé entièrement, y compris l'espace « États-Unis » évidemment. Mais ce qui fait qu'on s'y reconnaît tient à une autre raison. Je pense qu'ici il faut faire une distinction entre les perceptions qu'en diffusait l'élite, ou la plus grande partie de l'élite au Québec, et les perceptions que s'en faisaient les classes populaires et même les classes moyennes. C'était très différent.

Nous ne sommes pas seuls au Nouveau Monde

M. L. Ce n'est donc pas indifférent que Canadiens et Américains soient arrivés à peu près à la même époque sur des terres qui se ressemblent un peu (malheureusement pour nous, nous avons pris le côté froid du continent) et qu'ils aient eu à inventer un pays en même temps ?

G. B. Il faut voir là plus qu'une coïncidence. C'est l'origine de toutes les similarités, de toutes les proximités, de toutes les connivences que nous nous découvrons, nous les Francophones du Québec, avec des Anglophones des États-Unis ou du Canada. Parce qu'au fond, dans l'expérience qu'ils ont vécue et dans celle que nous avons vécue, il y a quelque chose qui se ressemble beaucoup. Et c'est l'expérience de ce que j'appelle les « collectivités neuves ».

M. L. Ce qu'on a appelé le Nouveau Monde. La Nouvelle-France, New York, la Nouvelle-Angleterre…

G. B. … la Nouvelle-Hollande, la Nouvelle-Espagne, etc. Moi je pense que les États-Unis, par exemple, assez tôt dans leur histoire, se sont pleinement perçus comme étant, comme faisant partie d'une collectivité neuve, d'une nouvelle société.

M. L. Ça veut dire quoi, « collectivité neuve » ? Expliquez-moi les mots d'abord. Pour échapper à quel piège utilisez-vous ces termes ? Si on disait « pays neuf » par exemple ?

G. B. Je ne peux pas l'appeler « pays » tout de suite, parce que, s'il y a un pays, cela veut dire qu'il y a un État souverain, qu'il a acquis une autonomie politique. Ce qui n'était pas le cas des collectivités neuves à leur naissance. Elles sont toutes nées comme colonies d'une mère patrie européenne, qui était l'Angleterre, la France, la Hollande, l'Espagne ou le Portugal. Et on ne peut pas dire non plus qu'elles étaient des nations. Elles vont le devenir plus tard. Ce ne sont pas non plus des sociétés parce qu'une société est organisée. Cela implique des structures, des institutions, des rapports entre les classes, une élite, etc. Ce n'est pas encore ça, c'est beaucoup trop tôt.

M. L. Pourquoi pas « Nouveau Monde », ça nous est plus familier, non ?

G. B. « Nouveau Monde », c'est bon aussi ; d'ailleurs, j'utilise également cette expression, à l'occasion. Mais elle comporte un double inconvénient. D'abord, on restreint ordinairement le Nouveau Monde aux Amériques, on y inclut rarement l'Afrique du Sud, par exemple, et on ne pense pas toujours à l'Australasie. Ensuite, c'est une notion très englobante qui met surtout l'accent sur ce que ces collectivités avaient en commun, alors qu'elles affichaient aussi de profondes différences.

Je suis donc plus à l'aise avec le concept de collectivité. C'est le mot le plus neutre à l'aide duquel on peut se représenter des groupes d'individus, qui habitent un même espace mais qui sont encore très inorganisés. C'est le cas des premiers immigrants français dans la vallée du Saint-Laurent, ceux qui sont à l'origine du Québec contemporain, tout comme des premiers immigrants anglais, qui sont à l'origine des États-Unis. Ce sont des collectivités ; au départ, il y a cohabitation dans le Nouveau Monde, mais l'organisation est métropolitaine.

M. L. Et ça ne se limite pas à l'Amérique du Nord, ni même à l'Amérique ?

G. B. On retrouve certainement le même scénario dans tous les pays d'Amérique latine. Là, c'étaient des descendants d'Espagnols, pour la plupart, ou des descendants de Portugais, pour ce qui est du Brésil. On retrouve le même phénomène, le même scénario en Australie, où les premiers immigrants anglais arrivent en 1788. On a l'équivalent en Nouvelle-Zélande à partir de 1830-1840, tout comme en Afrique du Sud et dans l'ancienne Rhodésie, qui est devenue le Zimbabwe.

Pour bien comprendre le Québec, ou en tout cas pour jeter un nouveau regard sur les réalités québécoises et en tirer une interprétation qui soit un peu renouvelée, il ne faut donc plus le percevoir uniquement dans sa relation avec la France, comme le produit d'une filiation de trois ou quatre siècles, comme une sorte de clone, de sous-produit de la France. Ce rapport-là est important, mais il est loin de résumer toute l'expérience et toute la substance de ce que sont la culture et la société québécoises. Pour comprendre pleinement le Québec, il faut le percevoir aussi en tant que collectivité neuve, comme une collectivité qui a vécu la même expérience du Nouveau Monde que les autres collectivités que je viens d'évoquer.

CHAPITRE II

L'histoire commence
par la terre

M. LACOMBE. Vous affirmez que les collectivités neuves partagent une expérience commune. Parlez-nous de cette expérience des territoires neufs.

G. BOUCHARD. Une expérience comparable en tout cas. Il suffit de suivre le fil de l'histoire. Voilà des immigrants qui arrivent, au terme d'une migration transocéanique qui les a conduits aussi bien vers les Amériques que vers l'Australie. Dans tous les cas, il s'agissait d'une aventure considérable.

M. L. Aventure dans laquelle on n'avait pas toujours le choix de s'embarquer.

G. B. Cela dépend. Si vous prenez l'exemple de l'Australie, c'est sûr que les premiers colons n'avaient pas le choix, c'étaient des prisonniers, des repris de justice, comme on dit. L'Australie a été édifiée comme colonie pénitentiaire de l'Angleterre. Celle-ci y déversait ses citoyens indésirables. C'était le bagne. Ici, au Québec, c'est variable. Certains individus ont été conscrits dans l'immigration. D'autres se sont portés volontaires. On ne sait pas tout là-dessus ; il reste encore du travail à faire.

M. L. On ne sait pas tout ? Tout n'est-il pas documenté là-dessus ?

G. B. Non, il nous reste beaucoup de choses à apprendre. Les registres en France étaient assez bien tenus, mais ce sont des recherches qui sont très longues et très compliquées. Par exemple, il y a toute une équipe qui travaille présentement, au Québec et en France, pour retrouver le lieu d'origine exact de chacun des quelque 25 ou 30 milliers de Français qui sont venus en Nouvelle-France[1]. Il s'agit de retrouver non pas seulement la région d'origine, mais la commune ou le village. Et c'est très long, très difficile. L'expérience fondamentale, donc, ce sont des immigrants qui arrivent sur un territoire « neuf », ou plus exactement, qu'ils vont considérer et traiter comme s'il était neuf. En fait, nous savons bien qu'il ne l'était pas, il y avait déjà des habitants, des Indigènes ou des Autochtones partout. En ce sens, le Nouveau Monde est une invention de l'Europe, et il a été construit sur une négation.

… le choc avec les Autochtones

M. L. Oui, il y a déjà du monde. Il y a du monde partout, à la grandeur de l'Amérique. Il n'y en a un peu moins au nord, dans nos pays froids. Mais plus on descend vers le sud, plus il y en a.

---

1. Contrairement à une idée très répandue au Québec, ce n'est pas 10 000 mais près de 30 000 Français qui ont émigré au Canada. Nombre d'entre eux sont retournés plus tard dans leur pays.

G. B. Il y a des Inuits et des Amérindiens sur le territoire de la Nouvelle-France ou dans ses prolongements. Il y a d'autres tribus aux États-Unis. Il y a des Mayas, des Incas, des Aztèques dans les différents pays d'Amérique latine. Il y a des Maori en Nouvelle-Zélande, des Aborigènes en Australie. Et, bien sûr, il y a des Noirs en Afrique du Sud et en Rhodésie. Mais les Européens considèrent que ce sont des territoires vides sur lesquels ils vont bâtir de nouvelles sociétés, à leur guise.

M. L. L'histoire que nous avons apprise laissait entendre que, pour nos ancêtres européens, ces gens n'existaient pas. Ils arrivaient et c'était comme si le pays était vraiment neuf. On plantait une croix et un drapeau. On prenait possession au nom du roi et de l'Église. Est-ce que ça s'est passé ainsi dès le départ, ou cette négation de l'autre est-elle arrivée plus tard?

G. B. En général, la négation des Autochtones est arrivée plus tard. Au départ, ils existaient dans la mesure où on voulait les évangéliser. On voulait en faire des chrétiens, des sortes d'Européens si on veut. On les considérait comme inférieurs, mais en les christianisant, on les élèverait à une dignité, celle de la condition humaine. Cette idée a parfois duré assez longtemps. En Australie, pas très longtemps. Assez tôt, les Blancs ont traité durement les Indigènes. Ici, en Nouvelle-France, l'idée missionnaire a survécu. Mais, en parallèle, on lui a associé des programmes d'assimilation à caractère plus laïque, disons. On voulait faire des Français ou des Anglais avec les Autochtones. Mais finalement, toutes ces tentatives n'ont pas très bien marché. Et c'est à partir de ce moment-là qu'on a décidé de les marginaliser carrément en les installant dans des réserves.

M. L. Il y a eu aussi une époque d'alliances militaires, non? On nous racontait, en tout cas dans le temps où j'étais à l'école, qu'il fallait compter les Hurons avec les Français, les Iroquois avec les Anglais…

G. B. Oui, bien sûr. Il faut distinguer le plan empirique, le plan fonctionnel, et puis le plan symbolique et culturel. Sur le plan empirique, les Autochtones ont été mis à profit presque partout. Ici, en Nouvelle-France, ils étaient utilisés pour la guerre. Ils étaient utilisés également pour le commerce des fourrures. Sans les Amérindiens, il n'y aurait peut-être pas eu de commerce des fourrures. Au Mexique, les Indiens fournissaient la main-d'œuvre dans les plantations. Même chose pour les esclaves africains au Brésil, etc.

M. L. Il fallait bien que les coureurs des bois apprennent leur métier quelque part!

G. B. Encore que les coureurs des bois allaient prendre possession des fourrures, mais ce ne sont pas eux qui pratiquaient la chasse, c'étaient les Amérindiens qui livraient leurs prises aux coureurs des bois. Donc, sur le plan économique, les Autochtones ont été très utiles, voire indispensables.

D'abord s'approprier la terre

M. L. Alors, comment ça se passe au début, dans vos collectivités neuves?

G. B. Au début, à la première génération, les immigrants font face à un problème de survie, ils doivent apprendre à se nourrir, à se protéger contre le climat. Dans les pays froids comme le Québec, c'est un problème de taille; il faut inventer toute une civilisation matérielle, et là encore les Autochtones seront d'un secours indispensable. Avec les générations, ces immigrants et leurs descendants vont prendre possession du territoire. Ils vont en prendre possession physiquement d'abord. Ils vont explorer, arpenter la terre, ils vont mettre au point des façons de tirer profit du sol. Ils vont défricher, cultiver, élever des villages. Ils vont apprendre à communiquer. Au début, ce sont surtout les cours d'eau qui servent de voie de communication, puis on construit des routes. Ils vont reconnaître le territoire, en prendre possession de façon physique et économique, mais aussi de façon symbolique. Le concept d'appropriation désigne toutes ces opérations.

M. L. L'appropriation, c'est donc plus que la prise de possession?

G. B. Cela veut dire que, lorsque les immigrants arrivent, à leur premier contact, ils sont étrangers au territoire. C'est une rencontre qui est difficile, qui est une source d'angoisse, de craintes, à cause de l'inconnu, des dangers de toutes sortes. Mais, peu à peu, ils vont domestiquer ce territoire. Ils vont s'habituer à leur environnement, établir une relation qui va les rapprocher, qui va les identifier au territoire. Ils vont se sentir chez eux, autrement dit. Et c'est pour cette raison qu'il faut parler d'appropriation, aux sens physique, économique, juridique et symbolique.

Cela se fait partout de la même manière. Les colons vont commencer par se donner des repères là où ils vont s'établir. Ils vont se dire : il y a là une rivière, nous allons défricher ses rives, puis semer entre les souches. Et puis là-bas, il ne faut pas cultiver, c'est de la savane. Et puis plus loin, c'est trop rocailleux, donc ce n'est pas la peine. Par contre, là sur la butte, il y a du bon bouleau, on peut aller bûcher pour se chauffer. Et si on va plus loin, il y a un lac où on peut pêcher de la truite.

On reconnaît le territoire petit à petit. Ensuite, on donne

des noms, on nomme le territoire en fonction de ce que l'on découvre. C'est le sentier à Albert, c'est lui qui l'a ouvert. Il s'est peut-être blessé à une cheville en le faisant, il en a boité pendant trois mois, puis il est resté un peu infirme. Donc c'est le sentier à Albert. Plus tard, quelqu'un rencontrera un Iroquois près du ruisseau, et ce sera peut-être une mauvaise rencontre. Il y a eu affrontement? coups et blessures? mort d'homme? Alors ça va créer un émoi considérable. C'est l'endroit où il y a eu cette escarmouche avec l'Iroquois. On va lui trouver un nom sans doute : le ruisseau du Sauvage? le sentier du Mort?

Il y a donc des événements remarquables qui vont survenir dans la vie quotidienne des individus, dans l'espace proche qu'ils vont reconnaître et exploiter, des espaces et des lieux qu'ils vont baptiser et qui seront intégrés à leur paysage physique et mental, fixés dans la mémoire autant que dans l'espace par des noms chargés d'émotion.

Comment la terre fait pousser la culture

M. L. Ce qui nous intéresse ici, c'est que cette appropriation devienne symbolique; on s'en va vers la culture?

G. B. Exactement. L'appropriation physique et économique se double d'une appropriation symbolique. On vit un événement, on le raconte aux autres, cela crée une émotion, peut-être une commotion, on va s'en pénétrer, s'en souvenir, donc cela va alimenter déjà une mémoire locale, familiale; et puis s'amplifier avec certains événements, plus remarquables parce qu'ils sont plus traumatisants, parce qu'ils mettent en péril la communauté. Il peut s'agir d'un incendie, ou de loups qui ont fait irruption dans un village, qui ont blessé des enfants et qui se sont sauvés avec je ne sais quoi... De toutes ces choses-là, on va créer des légendes. On va amplifier le souvenir de l'événement, l'enrober de fantastique, de drame; c'est cela une légende. Cela va devenir une histoire remarquable qu'on va se transmettre de génération en génération, qu'on va commenter et grossir le soir à la veillée, dont les enfants vont s'émouvoir en s'endormant, se rappeler à l'âge adulte et raconter à leur tour. Il y a tout un imaginaire qui va se construire à partir de là. On pense à la phrase du philosophe américain Ralph Waldo Emerson : « *Events, actions arise, that must be sung* » (*The American Scholar*).

Mais qu'est-ce qu'on est en train de faire au juste quand on fait cela? En réalité, on commence à construire une culture. On commence à élaborer un imaginaire collectif. Et cela prend aussi la forme d'une identité, d'une identité collective. C'est l'accumulation des expériences, des souvenirs, des légendes, qui seront partagés, qu'on va formaliser, embellir, restructurer. Plus tard, les sociologues, les anthropologues parleront, à ce propos, d'ethnicité.

M. L. C'est à la fois une culture et une identité?

G. B. Mais oui, c'est indissociable. Ces événements dont on se souvient, la façon qu'on a de s'en nourrir, de s'en émouvoir, d'en fabriquer un imaginaire collectif, c'est cela une culture. C'est un ensemble de souvenirs, de représentations, d'émotions partagées, qu'on formalise un peu et puis qu'on va se transmettre, qu'on va se raconter, de toutes sortes de manières. Tout se passe à l'échelle la plus immédiate, soit celle des individus, des familles, des gens d'un même village. Mais c'est un travail qui se fait aussi sur l'ensemble d'une société; dans le milieu des classes populaires, et aussi dans le milieu des élites, dans ce qui n'est pas encore la bourgeoisie mais qui va le devenir. C'est ce qu'on va appeler la culture savante. Là aussi va s'effectuer une appropriation du territoire et de la société, mais selon un cheminement, des méthodes, des références très différentes.

Ce qu'on vient de dire du territoire, des événements, des légendes, des émotions, de la mémoire, on peut le dire aussi des objets. Sur le plan matériel, la communauté invente, adapte, dispose à sa manière. Elle crée une culture matérielle. À un moment donné, on va construire des meubles pour les maisons : des chaises, des tables, des lits, des armoires. Et puis tout à coup, on va s'apercevoir que, dans un village donné, ils ont imaginé une façon de construire des armoires, ils ont un style qui va se fixer, se transmettre et alimenter la culture aussi. Même chose pour les outils, les vêtements, les bâtiments, etc. Après coup, on va appeler cela une civilisation matérielle. Habituellement, c'est un mélange d'inventions locales, d'emprunts à d'autres cultures et d'héritages retravaillés, réadaptés, réinventés. Il en résulte quelque chose d'original.

C'est ici que l'identité entre en jeu. Les événements qu'on commémore sont survenus dans telle communauté précise, à certains individus qui leur sont associés. Les noms de lieux ont une signification pour un groupe de personnes. Ce que nous avons appelé la culture matérielle reflète la manière, le goût d'une paroisse, d'une région. C'est autant de particularismes qui créent des repères, des familiarités, des signes dans lesquels on se reconnaît. En ce sens, sur le plan ethnographique, la culture est indissociable de l'identité. Dans la culture savante, c'est parfois le contraire : le créateur cherche à déborder l'identité pour rejoindre l'universel. Mais, le plus souvent, on cherche aussi à créer une identité.

M. L. Nous allons reparler de cela en détail plus loin. C'est alors que nous constaterons les différences entre la culture populaire et la culture savante et les effets que cela a pu entraîner pendant un siècle au Québec. Mais d'abord il faut expliquer comment se forme la nation dans les collectivités neuves et comment s'organise la nouvelle science de l'histoire qui permet de faire des constats utiles à cet égard.

Comment naît l'idée de la nation ?

M. L. Comment passe-t-on de l'anecdote à la légende, à l'identité ? Vous avez surtout parlé de la famille, de la communauté locale. Comment cela se passe-t-il à l'échelle d'une société ?

G. B. Revenons à nos immigrants, à nos pionniers et à leurs descendants. Ils vivent des expériences personnelles qui ne sont pas celles de la mère patrie, parce qu'ils en sont trop éloignés. Ils élaborent leurs propres représentations à partir de leurs expériences, et à la longue, tout cela va former, comme on vient de le dire, une culture spécifique. À mesure que la différenciation va se poursuivre, ces gens-là vont se percevoir comme *autres,* par rapport aux habitants de la métropole. Ils vont acquérir le sentiment qu'ils forment eux aussi une société, qu'ils forment une collectivité à distance de la mère patrie, distincte.

À partir de ce moment-là, c'est toute la dynamique identitaire qui se met en marche à l'échelle de la collectivité. À partir du moment où naît le sentiment de former une société, certains individus, les plus instruits, membres de la future « élite », éprouveront le besoin de la définir, comme s'ils en étaient les porte-parole. Mais comment caractériser cette réalité ? On est une collectivité, on le sent bien, mais comment va-t-on la nommer ? Il faut se désigner soi-même, il faut se percevoir globalement. Chaque fois que les collectivités neuves en sont venues là, c'est toujours par le biais du concept de nation, emprunté à l'Europe, qu'elles ont essayé de se représenter et de se définir.

M. L. Mais très différemment de l'une à l'autre.

G. B. En donnant au concept des contenus très différents, oui. Une fois qu'elles se sont entendues sur le fait qu'elles formaient une nation, chacune y investit des contenus symboliques spécifiques. Le concept de nation, bien sûr, a quelque chose d'uniforme, de commun à toutes les collectivités neuves qu'on connaît, mais il va se charger de significations, de représentations particulières, différentes d'une collectivité neuve à l'autre. En plus, ces contenus symboliques changent d'une génération à l'autre. Dans l'histoire de chaque collectivité neuve, le contenu de la nation et de l'identité collective se modifie constamment, souvent sans qu'on en prenne conscience.

M. L. Avec une illustration, je serais sûr de mieux comprendre.

G. B. Prenons par exemple les Australiens. Pour eux, au début, la nation, c'est la reproduction, dans la région du Pacifique, de la civilisation britannique. C'est la Grande-Bretagne, transportée à l'autre bout du monde. La nation australienne voulait être une réplique lointaine de sa mère patrie.

Assez rapidement, il émerge une autre conception de la nation australienne qui se juxtapose à l'autre : celle de l'homme ordinaire isolé sur un continent hostile, celle de l'homme de la brousse qui gagne sa vie très difficilement, qui doit affronter dans sa vie quotidienne une existence pleine d'adversité, mais qui les surmontera grâce à son courage, grâce à la solidarité dont on fait preuve dans le petit peuple. Alors, une vision populaire, très égalitaire de la nation émerge et culmine vers la fin du XIXe siècle avec la légende de la brousse, l'homme de la brousse, de l'« outback ». Le « bushman » en Australie est une image très forte qui a nourri l'imaginaire national.

Et puis, troisième mutation, plus ou moins en parallèle avec la création des syndicats ouvriers et les grands conflits syndicaux, la nation va devenir le travailleur en lutte contre les possédants. Dès lors, on définira la nation australienne comme le paradis du travailleur, le travailleur solidaire qui s'affirme devant le patron, qui se fait respecter et qui impose sa vision égalitaire de la société.

M. L. Mais ça vient tard, c'est à la fin du XIXᵉ siècle?

G. B. Cela commence vers la fin du XIXᵉ siècle. Mais parallèlement, l'idéal de l'Australie, de la nation australienne comme réplique de la grande nation britannique, survit et se transforme lui aussi avec l'évolution de l'empire britannique. Au départ, c'était la Grande-Bretagne qui servait de référence, mais après, c'est l'ensemble de l'Empire britannique dans le monde entier. Il y a une bonne partie des Australiens qui vont concevoir leur nation comme étant un élément de cet empire. C'est une autre manière de s'identifier à la Grande-Bretagne, une manière quand même assez différente parce qu'on pourra dire: «Nous, nous sommes un partenaire de la Grande-Bretagne dans l'Empire et voilà la vocation de la nation australienne: être un partenaire exemplaire dans cette grande entreprise mondiale de civilisation.» Il y a plusieurs mutations de ce genre dans l'histoire de l'Australie, et c'est vrai de la plupart des collectivités neuves. Mais il faut étudier les choses de très près.

M. L. C'est étrange comme cela fait penser au Canada, d'abord, puis au Québec par la suite!

G. B. Au Québec, par exemple, au temps des Patriotes, entre 1800 et 1840, la nation se voulait républicaine, laïque, très ouverte aux diverses ethnies. Après 1840, elle s'est repliée sur l'ethnicité canadienne-française, s'est constituée culturellement autour de l'inquiétude pour la survivance en s'appuyant sur la religion catholique. Après 1940, ce modèle s'est défait progressivement pour en arriver aujourd'hui au concept d'une nation québécoise. Entre-temps, il y a eu la tentative du groupe « Parti pris[2] » pour axer la nation sur la dimension ouvrière, populaire. On relève bien d'autres mutations aussi, comme nous le verrons. Mais ce sur quoi je veux insister, c'est que, à partir du moment où ces collectivités se sont représentées par le biais du modèle de la nation, elles ont connu tout de suite des problèmes, des contradictions très importantes. Je vous donne quelques exemples.

Lorsqu'au XVIIIe ou au XIXe siècle on affirmait qu'on était une nation, au fond, qu'est-ce qu'on voulait dire? Que voulait-on se signifier à soi-même en se définissant comme nation? Au fond, ce qu'on visait, c'était l'intégration de tous ces individus qui composaient la population. C'était affirmer qu'ils appartenaient à un même ensemble. On décrétait l'existence d'une cohésion dans cette collectivité. En fait, on postulait l'existence d'une homogénéité, d'une uniformité à l'intérieur de la nation. La notion avait une prémisse, une sorte de postulat : elle devait être homogène. Mais là, deux gros problèmes se posaient pour ces collectivités neuves.

La nation face à l'autre

M. L. On l'a vu, il y a d'abord les Autochtones avec qui les relations se sont rapidement détériorées.

---

2. Groupe d'intellectuels de gauche qui, à travers la revue *Parti pris,* œuvra dans les années 1960 à la promotion d'une nation québécoise socialiste, affranchie du capitalisme et de l'État canadien.

G. B. D'abord, il y avait en effet cet élément de diversité que constituaient les Autochtones. À cause de leur différence, ils infligeaient un démenti à l'affirmation nationale : parce qu'ils ne parlaient pas la même langue, ne pratiquaient pas la même religion, ne partageaient pas les mêmes coutumes ni les mêmes origines. C'était une altérité dans le sens le plus absolu. Alors comment fait-on pour instituer la nation, l'établir bien solidement en présence des Autochtones qui semblent lui lancer un défi ? Est-ce qu'on les inclut dans la nation ? Mais cela ne fonctionne pas, la différence est un caillou dans l'engrenage de la nation. Est-ce qu'on les rejette ? Dans ce cas, qu'est-ce que devient la nation ? Est-ce que c'est l'ensemble de la population ou bien seulement un segment ? Comment justifier cette amputation ? Il y a donc un malaise au départ.

M. L. Mais est-ce qu'on a fait les deux ? Est-ce qu'il y a des exemples où il y a, simultanément, inclusion et exclusion ?

G. B. Oui. Le Mexique a, dès le XVIIIe siècle, inclus les Indiens dans la nation, officiellement. Les intellectuels créoles, quand ils ont affirmé l'existence de la nation mexicaine, ils y ont tout de suite introduit symboliquement les Indiens. Mais, socialement, on les a maintenus dans un rapport de subordination, donc d'exclusion. En Australie, c'est autre chose. On a rejeté les Aborigènes, qui ne sont devenus officiellement citoyens du pays que dans les années 1960. Avant, on ne les comptait même pas dans les recensements. Et ils n'avaient pas le droit de vote non plus.

Cela a été un peu la même chose aux États-Unis. La Constitution n'incluait pas les Indiens dans la nation. Tous les hommes étaient égaux, comme le proclamait la Déclaration d'Indépendance, mais pas les Indiens. Les Noirs non plus n'étaient pas dans la nation. Ici, au Canada, on a fait la même chose, un peu moins brutalement. On a rejeté les

Autochtones en dehors de la nation. On ne leur accordait pas le droit de vote, on ne leur reconnaissait pas la citoyenneté. Donc, nous les avons tantôt inclus, tantôt exclus. Mais toujours avec le même malaise.

Autre figure du même problème : dans toutes ces collectivités neuves, l'immigration a continué après la mise en place de la première génération de pionniers. C'est une deuxième source de diversité.

M. L. L'immigrant et l'Autochtone posent donc un double défi ?

G. B. Au début, l'immigration provenait d'une source unique, à peu près dans toutes les collectivités neuves. Aux États-Unis, au Canada, en Australie, en Nouvelle-Zélande, c'était la Grande-Bretagne. Ici au Québec, c'était la France. Dans la plupart des pays d'Amérique latine, c'était l'Espagne ; au Brésil, c'était le Portugal. Mais la diversification est survenue très vite. Les sources de l'immigration se sont étendues à plusieurs pays si bien qu'elle a drainé vers le territoire de chaque collectivité neuve des immigrants de langues, de religions et de coutumes différentes. Alors comment fait-on pour visser le concept de nation, avec ses prémisses d'homogénéité, sur une réalité qui est aussi diversifiée, aussi réfractaire ? Comment peut-on prétendre établir une cohésion symbolique à base d'homogénéité dans une diversité apparemment irréductible ?

C'est un problème auquel toutes les collectivités neuves ont dû faire face. Ce qui est intéressant, c'est de voir par quels moyens elles ont cru surmonter ou régler le problème. Il y a tout un éventail de recours qui ont été mis en œuvre. D'abord, il y a des moyens qui ne sont pas symboliques du tout, des moyens très physiques : le génocide par exemple. Les Australiens avec les Aborigènes, les Indiens au Brésil, jusqu'à une période pas très lointaine, les Américains avec les Indiens.

On a vu aussi des déportations comme en Acadie, des campagnes de stérilisation obligatoire, et le reste.

Dans un autre registre, il y a eu des programmes d'assimilation obligatoire : puisqu'on ne peut pas faire disparaître les Autochtones physiquement, alors on va les faire disparaître culturellement, on va leur inculquer la culture, la langue, la religion des Européens. Il y a eu aussi des programmes de métissage au sens biologique du terme ; c'est une idée qui a été très répandue dans les pays d'Amérique latine. On va métisser les Blancs avec les Indiens et, de cette façon, on va dissoudre à la fois les caractères physiques et les caractères culturels de l'Indien. Et en même temps, on va produire une race nouvelle, supérieure. On relève aussi des recours strictement symboliques pour effacer la diversité. Par exemple, on va imaginer que, au fond, deux traits ou deux cultures différentes ont la même origine dans l'histoire ; il y a donc parenté, identité. Ou bien, que deux religions très différentes, celle des Créoles et celle des Aztèques par exemple, sont deux branches d'une religion chrétienne qui a évolué suivant des chemins différents au cours des siècles.

M. L. Ça, c'est à peu près exclusif au Mexique ?

G. B. Non, on en trouve divers exemples, mais au Mexique l'idée a été poussée très loin, dès les XVIe et XVIIe siècles. Par exemple, on a essayé de montrer que les Indiens avaient été évangélisés par saint Thomas. Mais comme cette évangélisation primitive n'avait pas été relancée, le christianisme des Indiens s'était profané, était tombé en friche d'une certaine manière ; avec le temps, il était donc devenu très différent du catholicisme des Créoles.

M. L. Mais comment saint Thomas aurait-il pu traverser jusqu'au Mexique ?

G. B. Par les Indes, disait-on, où il était allé prêcher le christianisme. On imaginait que, de là, il avait atteint le territoire de
l'Amérique latine. Quoi qu'il en soit, ce qui importe, c'est que,
à partir du moment où on croit que la religion des Indiens et
celle des Blancs sont deux branches d'un même arbre, on
vient de trouver un tronc commun. On vient de créer un élément d'homogénéité et de rapprochement extrêmement
important qui donne un fondement à l'idée de la nation, qui
lui donne donc une réalité concrète.

M. L. Qui donne le droit aux Mexicains d'avoir une imagerie
religieuse tolérée par l'Église catholique, alors qu'elle ne l'aurait pas été dans d'autres pays?

G. B. Rome n'était pas si tolérante. L'espèce de métissage symbolique qui s'est produit entre la religion des Aztèques, par
exemple, et la religion catholique, Rome ne trouvait pas cela
de son goût du tout. Mais la hiérarchie a dû plier.
    Ce recours symbolique qui consiste à établir une identité
en recourant aux origines, on en trouve un exemple au
Canada anglophone. À la fin du XIXe siècle, certains intellectuels canadiens-anglais étaient préoccupés par la dualité irréductible que représentaient au Canada d'un côté les Francophones et, de l'autre, les Anglophones. C'était impossible de
se représenter ces deux éléments comme s'intégrant d'une
façon harmonieuse dans le concept de la nation canadienne.
Alors quelques historiens ont lancé l'idée qu'au fond il n'y
avait pas de dualité, il n'y avait pas une telle chose que des
Canadiens français différents des Canadiens anglais; ils
étaient en réalité des cousins, descendants d'une même race
européenne à une époque lointaine, la race des Teutons. Ces
peuplades germaniques étaient donc les ancêtres lointains à la
fois des Anglophones et des Francophones. On les disait en
plus très braves : ils étaient les seuls à avoir tenu tête aux

armées de César! Donc, il n'y avait pas de dualité, mais seulement une « race » commune au passé glorieux. Vous voyez, c'est un moyen symbolique pour résoudre sur le plan de l'imaginaire des problèmes qui se posent concrètement à la conscience collective, à l'identité nationale. La culture savante élabore toutes sortes de stratégies de ce genre pour surmonter les contradictions de la nation. On trouve quelque chose d'analogue en Nouvelle-Zélande, où on a voulu établir un pont entre Maori et Européens.

CHAPITRE III

Le passé dure toujours

M. LACOMBE. Revenons à la naissance du sentiment de former une nouvelle collectivité humaine. Combien de temps cela prend-il pour arriver à bâtir une mémoire collective, une espèce d'accord automatique sur les questions fondamentales : d'où vient-on et comment ça s'est passé ?

G. BOUCHARD. On pourrait presque dire que, dans le cas des collectivités neuves, elles n'y sont jamais vraiment arrivées. Et c'est peut-être une autre caractéristique de ces collectivités : leur fragilité culturelle, symbolique. Je crois que c'est vrai même dans le cas des États-Unis, qui sont encore aujourd'hui très divisés sur ce sujet. Ce que vous appelez un accord automatique, cela ne s'est jamais produit, on n'est jamais arrivé à surmonter vraiment les difficultés liées à la différence et à la mémoire.

M. L. Mais on présume qu'on y est parvenu en France ou en Angleterre ou en Allemagne ?

G. B. On peut le présumer, mais à tort sans doute, parce que, là aussi, ils ont eu leurs problèmes. Cela dit, je pense qu'en général, les collectivités du monde ancien ont mieux surmonté cette difficulté que les collectivités neuves.

M. L. Alors quel est notre problème?

G. B. Le problème qui se pose, c'est celui de l'identité collective au sens large. Les collectivités neuves ont toujours eu, et ont encore présentement plus que jamais, un problème d'identité collective. Et il s'exprime de plusieurs façons. Par exemple, il s'exprime dans la difficulté qu'ont toujours eue ces collectivités à se construire une mémoire, à construire une représentation cohérente de leur passé.

M. L. On a déjà fait la comparaison avec l'Europe. Est-ce que ça peut être bêtement une question mathématique? Il n'y a pas assez de temps. Il faut avoir passé du temps pour se créer une mémoire?

G. B. Oui, c'est un facteur absolument fondamental et qui est propre aux collectivités neuves, mais peut-être pas de la façon que vous croyez. Le vrai problème, c'est la mémoire longue. Quand une collectivité se perçoit et s'affirme comme nation, elle décrète l'existence d'un cadre général d'appartenance et d'intégration qui doit transcender tous les autres. Quand on est une nation, on prétend instituer une identité qui déborde celle de la classe sociale par exemple, qui déborde aussi l'appartenance à la religion, à la famille ou à une région. C'est affirmer une appartenance globale qui recouvre toutes les autres appartenances.

Or, à sa naissance, lorsque son existence est formulée pour la première fois, la nation (ou ses porte-parole si vous préférez) éprouve un problème de légitimité. Il faut éviter que sa création ait l'air arbitraire ou artificielle, qu'elle soit assimilée à un acte intéressé de la part d'un groupe, d'une classe ou d'une élite. Alors, on va essayer de montrer que la nation n'est pas une improvisation ou un bricolage quelconque, qu'elle est au contraire très ancienne, que cette appartenance n'a pas été inventée, n'est pas née de l'imagination d'un individu, d'une élite ou d'un parti. On va montrer qu'elle existe depuis très longtemps. En fait, on va lui trouver des racines si anciennes que l'idée même de création va disparaître.

M. L. L'esprit humain est-il ainsi fait que si la nation a l'air ancienne, elle est automatiquement plus légitime?

G. B. Voilà. Elle transcende toutes les autres appartenances et elle échappe aux procès d'intention, elle est au-dessus de tout soupçon parce qu'elle est profondément enracinée dans l'histoire. Plus elle est enracinée dans un passé lointain, plus elle semble légitime, plus elle paraît transcender les partis, les classes. Autrement dit, quand un individu naît dans une nation, il ne peut songer à la remettre en cause. Il la prend telle qu'elle est. C'est comme une cathédrale. On y entre et on y prie; on ne songe pas à redessiner la charpente ou les cloisons. La nation existe comme une réalité intemporelle, transcendante. On en fait partie, un point c'est tout.

M. L. Alors cela veut dire que nous, Francophones d'Amérique, si nous avons envie de nous poser comme nation, nous ne savons pas trop comment le justifier?

G. B. C'est toute la question de la légitimité que procure le temps long, les racines lointaines. *A priori*, c'est impossible, par définition. Parce qu'une collectivité neuve, c'est une collectivité dont le point de départ est marqué dans un temps qui n'est jamais très loin, qui est relativement récent.

Comment faire? C'est une question qui est très intéressante parce que seules les nouvelles nations doivent faire face à ce problème. Et dans le cas des collectivités neuves, c'est passionnant d'observer, de l'une à l'autre, comment elles vont essayer de surmonter ce problème-là.

En Europe, il y a eu des révolutions, la création de nouveaux régimes sociaux et politiques qui donnaient le sentiment de recommencer à neuf. Pensons à la Révolution de 1789 en France. Mais en réalité, dans tous ces cas, on réaménageait de très vieux ensembles humains. Les idées, les cadres étaient neufs, mais pas les populations ou les cultures, dont on s'empressait d'ailleurs de réécrire le passé lointain. En Europe, la construction de la mémoire longue ne pose pas de problème : on est dans un monde très ancien. Chaque nation peut s'assigner des racines au début de l'ère chrétienne ou au-delà : les Roumains remontent aux Daces, les Hongrois aux Huns, les Français aux Gaulois, les Écossais aux Calédoniens, etc. Dans le cas des collectivités neuves, on a l'impression que tout est neuf : la population, le territoire, les idées. Alors comment construire une mémoire longue avec une histoire courte?

M. L. Parce qu'il y en a qui ont l'air de l'avoir surmontée, cette difficulté. En tout cas pour les États-Unis d'Amérique, cela n'a pas l'air d'avoir été un gros problème.

G. B. Il y en a qui l'ont mieux surmontée que d'autres, ou qui donnent cette impression. On observe aussi des stratégies, des moyens diamétralement opposés. À un bout de l'éventail, il y a le Québec ou la Nouvelle-Zélande, par exemple, et à l'autre bout, on pourrait mettre justement les États-Unis et entre les deux, le Mexique ; des modèles complètement différents pour résoudre le même problème.

Le Mexique ou la mémoire inventée

M. L. Pourtant les États-Unis et le Mexique sont tous deux passés par la révolution.

G. B. Le Mexique, oui, il est né politiquement d'une révolution au début du XIXe siècle. À partir du moment où les collectivités latino-américaines ont obtenu l'indépendance politique de l'Espagne et du Portugal, elles sont devenues des États-nations, mais la nation, la culture nationale, n'était pas encore vraiment en place. Et c'est justement le problème qui a été vécu par toutes ces collectivités d'Amérique latine qui sont devenues des États entre 1810 et 1830. Ayant acquis subitement la souveraineté, elles se sont aperçues en quelque sorte qu'il n'existait pas d'identité collective très forte pour cimenter leur pouvoir. Et elles se sont toutes employées à renforcer la nation culturelle ; c'est une histoire qui est passionnante.

M. L. Alors la différence entre le Mexique et les États-Unis ?

G. B. Le modèle mexicain est très simple, très spectaculaire aussi. Ils se sont dits carrément, ces Créoles descendants d'Espagnols, à partir du XVIIe, du XVIIIe siècle : nous sommes des descendants des Indiens. Ils ont tout simplement congédié leurs ancêtres européens pour emprunter la vieille historicité de l'indianité.

M. L. La stratégie des Créoles, c'est une espèce de métissage rétroactif, si je comprends bien ?

G. B. Les Créoles, c'étaient originellement des descendants d'Espagnols établis au Mexique depuis quelques générations avec l'intention d'y rester, plutôt que de retourner finir leurs jours en Espagne. Par dérive, le mot en est venu à être associé au métissage parce que plusieurs Créoles se sont mariés avec des Indiens. C'est tout de même intéressant : les Créoles sont l'un des rares peuples de la terre à avoir choisi leurs ancêtres. C'est exactement de cette façon que les choses se sont passées. Un métissage *a posteriori*, comme vous le suggérez.

M. L. Choisi leurs ancêtres ? C'est fort.

G. B. Mais oui, ils ont choisi leurs ancêtres. L'idée avait d'abord été lancée par des intellectuels. Elle a été reprise, elle a fini par entrer dans la représentation courante. Je suis allé faire des conférences au Mexique. À la fin de la période de questions, je posais des questions à mon tour. J'avais devant moi des Blancs, des Indiens et, entre les deux, tout l'éventail de métissage que vous pouvez imaginer. Alors, en désignant quelqu'un qui avait vraiment un phénotype indien très prononcé, je lui demandais : « Vous, quels sont vos ancêtres ? » — « Ah, moi, ce sont des Indiens ! » Ensuite je désignais un Blanc : « Vos ancêtres à vous ? » — « Des Indiens. » — « Vous ne vous percevez pas comme un descendant d'Espagnols ? » — « Ah non… » Ils se regardaient, un peu étonnés, l'air de dire : mais quelle question ! C'est une filiation, ou plus exactement une affiliation qui ne fait pas problème pour les Blancs. Cela a l'air bizarre à première vue, mais ça s'explique très bien quand on revoit l'histoire du Mexique et qu'on essaie de comprendre la situation dans laquelle se trouvaient les Créoles. Il y avait d'abord le problème de la Légende noire entourant les Conquistadores, qui ont détruit, mis les villes indiennes à feu et à sang, qui ont commis toutes les horreurs qu'on peut imaginer.

M. L. Ils se sont choisi des ancêtres pour pouvoir dire : « Les massacreurs d'Indiens, ce sont les Espagnols, c'est pas nous. »

G. B. C'est une première raison. Les Créoles qui côtoyaient les Indiens ont ressenti le besoin de se distancer de ces crimes. En se définissant comme des descendants des Indiens plutôt que des Espagnols, ils pouvaient dire : « La Légende noire, ce n'est pas nous, c'est eux. Nous ne sommes pas des descendants d'Espagnols. » Deuxièmement, second profit que les Créoles trouvaient à refaire leur généalogie collective, c'est que, en inscrivant la nation, la nouvelle nation mexicaine, dans le temps long de l'indianité, cela lui conférait la légitimité, l'autorité qui lui manquaient et qui leur permettaient de se considérer sur un pied d'égalité avec les Espagnols. Cela leur permettait de contester le magistère assez méprisant que les Espagnols faisaient peser sur ces sociétés neuves, parce que trop neuves.

M. L. Comment cela permettait-il de contester l'autorité espagnole ?

G. B. Les Créoles étaient désormais en mesure de tenir tête à l'élite espagnole qui assimilait le Nouveau Monde à la barbarie. Se réclamant du prestigieux passé aztèque, ils pouvaient dire : « Notre culture possède une grande richesse. Nous aussi, nous avons une ancienneté, aussi vieille que la vôtre, et même davantage. Nous sommes les héritiers d'une grande civilisation urbaine. Donc, désormais, nous sommes à parité avec vous. » Et, de cette façon, on mettait fin à ce complexe d'infériorité culturelle dont nous parlions tout à l'heure. C'est à partir de là que les Créoles ont pu commencer à s'affirmer par rapport à la métropole, à s'affirmer culturellement. Car, dans l'opération, on se trouvait à souder, au moins symboliquement, les descendants d'Européens et les Indiens à l'intérieur de la nation mexicaine.

M. L. Autrement dit, cela n'a rien à voir avec la création d'un pays politique ou non, d'une indépendance politique ou non.

G. B. À la limite, non. Au Mexique, on retrouve des éléments d'une conscience nationale dès le XVIIIe siècle. Au sens culturel. Et puis il y a eu évidemment l'indépendance politique, acquise au début du XIXe siècle. À ce moment-là, la trame politique prenait de l'avance parce que la formation de l'État a été complétée très rapidement, tandis que la formation de la culture nationale ne l'était pas encore, loin de là.

Ce décalage est très intéressant. On comprend pourquoi les Créoles en sont venus à cette idée, qui apparaît un peu farfelue, d'emprunter la filiation et le passé de l'indianité. Il faut quand même ajouter que ce glissement, cette affiliation n'étaient pas tout à fait arbitraires. Le métissage intervenu entre Blancs et Indiens fournissait un fondement empirique, donnait un élément de vraisemblance à la revendication de l'héritage indigène.

Les États-Unis ou la mémoire instantanée

M. L. Maintenant l'autre extrême, les États-Unis, ou comment se passer d'une histoire longue. Pourquoi est-ce que c'est si différent pour eux?

G. B. Les Américains, on dirait qu'ils n'ont pas vraiment éprouvé le besoin d'asseoir la légitimité de la nation sur une mémoire longue — qu'ils auraient pu d'ailleurs eux aussi emprunter aux Indiens, pourquoi pas? Ils ont tout simplement fait redémarrer le temps à zéro, en quelque sorte, à partir de leur Révolution. L'histoire nationale américaine commence en 1776. L'acte révolutionnaire fournissait le matériau du mythe fondateur par excellence. Une nouvelle histoire commençait et elle était inaugurée par une rupture spectaculaire. La Constitution allait mettre tout cela en forme.

M. L. Cela semble contredire votre théorie. Ce serait donc facile de se construire une mémoire longue avec une histoire courte.

G. B. Il faut comprendre que le cas des États-Unis est unique. Il fallait beaucoup d'audace, beaucoup d'assurance pour adopter une position comme celle-là. La manière américaine, c'est de trancher le nœud gordien, c'est de dire : « Nous renonçons à la mémoire longue et nous allons asseoir la légitimité sur un autre terrain symbolique que celui de l'ancienneté. Nous allons l'asseoir sur un acte fondateur spectaculaire, initiatique, qui est la Révolution, dont nous allons nous servir pour nourrir ensuite la mémoire et l'identité de la nation. » En somme, c'est l'acte révolutionnaire du peuple américain qui fonde la légitimité de la nation, c'est l'acte de rupture avec la Grande-Bretagne. Mais c'est le seul cas de ce genre.

Et puis, à côté du Mexique et des États-Unis, il existe un troisième modèle, plus courant, dont le Canada français ou le Québec francophone fournit un bel exemple.

Le Canada français ou la mémoire trop longue

M. L. Parlons donc de notre modèle à nous, qui n'est pas vraiment un modèle exclusif.

G. B. Dans notre cas (on retrouve un peu la même chose en Nouvelle-Zélande, au Canada et ailleurs), la mémoire longue s'est construite en se coulant dans le temps long de la tradition française, en faisant dériver une historicité canadienne-française de la vieille historicité française. Et c'est de cette façon qu'on s'est construit une mémoire longue. Elle a été affirmée par la plupart des historiens jusqu'au milieu du XXe siècle et au-delà, notamment par François-Xavier Garneau et Lionel Groulx. L'essence, le fondement ultime de la nation ou de la culture canadienne-française, c'était sa filiation avec la France éternelle. C'était le bain dans lequel elle puisait sa substance, sa densité et, finalement, sa légitimité.

M. L. Voilà la description même d'une nation ethnique.

G. B. Oui, comme le furent à peu près toutes les nations du monde jusque dans la seconde moitié du XXe siècle. Mais voilà donc trois modèles, trois façons de résoudre le problème dont je vous parle, qui consiste à donner de la légitimité à la nation neuve.

Dans deux cas, on trouve la solution dans une mémoire longue mais construite suivant des voies très différentes. Dans l'autre cas, on va renoncer à la mémoire longue en faisant recommencer l'histoire. C'est une autre solution pour échapper à l'impasse.

Remarquez que je sacrifie ici bien des nuances. Par exemple, on trouve dans l'histoire de la pensée américaine de nombreuses références à la civilisation gréco-romaine. Mais le but n'était pas de se donner une mémoire longue ; il s'agissait plutôt de hisser l'histoire américaine au plus haut niveau, celui des débuts de la civilisation. Rien de moins. On voulait montrer la grandeur de l'entreprise qui commençait. D'une certaine façon, on pourrait dire que les pères fondateurs dialoguaient avec Platon, Cicéron et César.

L'Australie ou la mémoire honteuse

M. L. Est-ce que certaines collectivités neuves n'ont pu ni se rattacher à la mémoire métropolitaine ni opérer une rupture en forme de révolution ou autrement ?

G. B. Il y a ce que j'appelle les cas de blocage de la mémoire longue. Celui de l'Australie est assez fascinant. Ici, c'est le problème de la mémoire honteuse — on peut la qualifier de cette façon. Les Australiens ont longtemps éprouvé un grand malaise en considérant leur passé, leur fondation. Et ce malaise tenait à trois raisons. La première tenait à la naissance de la nation comme colonie pénitentiaire. Les pionniers étaient des bagnards, des criminels. Avant la Révolution américaine, l'Angleterre déportait ses prisonniers dans les treize colonies. Mais, après 1776, elle ne pouvait plus le faire. Il a fallu qu'elle se trouve un autre exutoire. Elle a choisi l'Australie.

M. L. C'était loin.

G. B. Très loin. C'était sans doute un des avantages que la Grande-Bretagne y voyait. En 1788, elle a envoyé la première flotte, quelques navires de bagnards irlandais, écossais, anglais.

M. L. J'imagine qu'ils en ont envoyé un grand nombre pour qu'il en survive quelques-uns, parce que c'étaient des voyages où on mourait plus qu'on arrivait.

G. B. C'est juste, bien que, à cette époque, on eût quand même appris de toutes les expériences précédentes. L'Angleterre a déporté des forçats en Australie jusqu'en 1868, soit pendant presque un siècle. Alors, les premiers intellectuels australiens qui ont voulu construire une représentation de leur passé, en quête d'actes héroïques, à la recherche d'un mythe fondateur de la nation, se sont heurtés à cette difficulté-là. En général, c'étaient des représentants de l'élite qui faisaient cette démarche, donc des gens bien-pensants, respectables, qui appartenaient à la notabilité. Et ils tombaient sur ces commencements peu glorieux.

M. L. Et si cela a duré un siècle, il y a forcément eu des tentatives pour faire ce travail d'historien au moment où il arrivait encore des bagnards?

G. B. C'est juste. En fait, les premiers véritables travaux d'historiens en Australie ont été publiés à partir de la seconde moitié du XIXe siècle, et je crois qu'en effet les premiers ont précédé la fin de la déportation de bagnards. Ils ont donc ressenti cela comme un terrible malaise. Cette fondation leur paraissait inavouable, au sens propre.

M. L. Une nation née de père inconnu.

G. B. Certaines familles, par exemple, dont les membres étaient des descendants de déportés et qui avaient accédé à la notabilité, détruisaient les papiers compromettants qui trahissaient leurs origines. Des historiens faisaient commencer leurs reconstitutions historiques en 1840, 1850 ou 1860, parlaient peu de ce qui s'était passé avant. Il y avait un blocage mémoriel.

La deuxième raison de la mémoire honteuse, c'est le mauvais traitement que les Australiens ont fait subir aux Aborigènes jusqu'au milieu du XXe siècle.

M. L. Pire qu'en Amérique?

G. B. Il semble bien que, parmi toutes les collectivités neuves, celles qui sont issues de la Grande-Bretagne en tout cas, c'est en Australie que les Autochtones ont été le plus maltraités. Les Australiens le reconnaissent. Maintenant ils font leur *mea culpa*, ils avouent toutes ces fautes, ils essaient de les réparer. La dernière raison tient au fait que, dans divers milieux sociaux, on ressentait de l'agressivité à l'endroit de la Grande-Bretagne à cause de sa politique de déportation. La mémoire des déportés, des bagnards (souvent condamnés pour des peccadilles) et de leurs descendants n'était pas tendre pour les institutions britanniques.

Alors, pour cette raison aussi, les Australiens ont éprouvé de la difficulté à se donner une mémoire longue. Finalement, les trois voies que j'ai mentionnées leur étaient peu accessibles. Premièrement, il était hors de question qu'ils empruntent l'historicité des Aborigènes à cause soit de la piètre opinion qu'ils en avaient, soit de la honte qu'ils éprouvaient à les avoir maltraités. Deuxièmement, la mémoire longue de la Grande-Bretagne faisait problème à beaucoup de gens : les déportés ou descendants de déportés conservaient un mauvais souvenir de la mère patrie, en particulier les Irlandais.

Quant à la voie américaine, elle était hors de portée des Australiens parce qu'ils sont restés trop longtemps dépendants de l'Angleterre. Leurs moyens étaient trop faibles. En outre, l'État australien a dû se former et se développer dans un contexte d'insécurité en Asie (pensons au « *yellow peril* »).

Alors, pour toutes ces raisons, les Australiens ont été contraints de se priver en grande partie d'une mémoire longue. En fait, c'est surtout dans leur appartenance à l'Empire qu'ils ont trouvé à établir la légitimité de leur nation. Depuis quelques années, ils ont commencé à se redécouvrir une mémoire longue par la voie aborigène. C'est extrêmement intéressant. C'est un peu le modèle mexicain qui commence à émerger dans la conscience collective et dans l'historiographie australienne.

Voilà pour l'Australie. Mais on pourrait parler aussi du Brésil qui, à mon avis, présente également une forme de blocage mémoriel, mais pour des raisons différentes. Quand ils reconstruisent le passé national, les intellectuels brésiliens ne remontent guère au-delà du XVIe siècle. Théoriquement, pourtant, trois voies pourraient s'ouvrir à la construction d'une mémoire longue ; elles correspondent au passé lointain des trois grandes composantes raciales de la population : les

Portugais, les Africains et les Indiens. L'élite brésilienne repousse la première voie à cause d'un vieux sentiment anti-impérialiste, et aussi parce que, depuis un siècle au moins, le Brésil se croit supérieur à son ancienne mère patrie. Il répugne donc aux Brésiliens d'ancrer leur nation dans le passé portugais. Je crois que les deux autres voies sont repoussées, ou, pour le dire un peu brutalement, par racisme. L'élite blanche n'est tout simplement pas prête à se percevoir comme issue de races qu'elle a longtemps perçues comme inférieures et qu'elle domine toujours. Résultat : elle sacrifie la mémoire longue en faisant débuter la nation au XVIᵉ siècle et en amplifiant le métissage des trois races principales comme mythe fondateur, pour bien marquer la coupure avec la période antérieure au XVIᵉ siècle. Vous voyez bien que, en insistant sur le mélange des races, on rejetait dans l'oubli l'histoire antérieure de chacune d'entre elles.

Le Québec offre aujourd'hui un autre exemple de blocage mémoriel. De moins en moins de Franco-Québécois perçoivent leur nation simplement comme un héritage de la France. Mais en même temps, ils repoussent l'affiliation amérindienne. De ce point de vue, la mémoire québécoise est dans un entre-deux.

La mémoire appartient à tout le monde

M. L. C'est donc cela la mémoire longue. Beaucoup d'événements, un poids de l'histoire pour sentir qu'on eu raison de faire les choses, et qu'on a eu raison d'obliger les gens à faire certaines choses. N'est-ce pas cela qu'on appelle souvent le sens de l'État, en fait ? Mais là, j'anticipe. On ne bâtit pas tout de suite nécessairement un gouvernement, un État, une nation. Quelque chose vient avant ?

G. B. Construire une mémoire collective est une tâche importante. Elle a pour but d'instituer un sentiment d'appartenance, un sentiment d'identité. Pour amener les individus à se représenter comme appartenant à un même ensemble symbolique qui s'appelle la nation québécoise, canadienne ou autre. C'est toujours, au fond, le problème de l'identité nationale : comment asseoir ce concept de la nation au sein d'une collectivité hétérogène ? La construction de la mémoire est une des voies de la construction de l'identité.

M. L. Le problème actuel de l'identité n'est pas nécessairement le même pour les Australiens et les Américains, pour les Québécois ou les Mexicains ?

G. B. Il n'est pas le même, mais il s'en rapproche dans la mesure où on constate aujourd'hui qu'à peu près toutes les collectivités neuves (sauf peut-être un certain nombre de pays d'Amérique latine, et encore, c'est à voir) se trouvent aux prises avec des problèmes, des crises identitaires. Si on pense à l'Australie, à la Nouvelle-Zélande, au Québec, au Canada anglophone, et même aux États-Unis, ce sont des collectivités qui s'interrogent sur ce qu'elles sont, qui sont à la recherche d'une représentation collective commune. Elles sont en quête d'un consensus qui s'est perdu, ou qu'elles croient avoir perdu. Donc, elles n'ont pas encore vraiment surmonté les vieux problèmes liés à la légitimation de l'idée nationale.

M. L. Vous citez même les États-Unis. Est-ce qu'on peut parler vraiment de crise identitaire dans leur cas ?

G. B. La crise identitaire des États-Unis, on peut grossièrement la caractériser ainsi : Les États-Unis se sont constitués à même une immigration extraordinairement diverse sur les plans ethnique et culturel. L'élite a cru surmonter ce problème-là, c'est-à-dire former quand même une nation homogène, avec tous ces ingrédients aussi hétéroclites, avec l'idée du *melting-pot* : on conjuguerait tous ces éléments, on les fondrait dans quelque chose qui deviendrait différent. Une nouvelle nation en émergerait.

M. L. En quoi cela diffère-t-il du modèle français d'assimilation des immigrants ?

G. B. Le modèle de l'assimilation radicale qu'on trouve en France ou en Argentine, et en fait dans la majorité des pays d'Europe, exige que les nouveaux venus adoptent les règles, les manières de l'ensemble national déjà constitué, c'est-à-dire, dans le cas de la France, la tradition républicaine issue de 1789.

M. L. Afin de devenir français. Mais on devient aussi américain ?

G. B. Oui, mais l'idée du *melting-pot*, c'est que le produit final sera différent de chacune des composantes. Au départ, on est un immigrant anglais, on est un immigrant italien, allemand ou français. Mais deux, trois ou quatre générations après, toutes ces traces se sont effacées et ce qui reste, c'est un Américain, c'est-à-dire une sorte de synthèse qui s'exprime dans des valeurs universelles, fondamentales. Tout le monde va se greffer à ce tronc-là, chacun va se transformer et devenir autre, mais chacun va aussi contribuer à changer un peu la culture nationale. C'est l'idée du *melting-pot*, ou du *smelting-pot*. Le produit final va être non seulement différent mais supérieur à tout ce qu'on a vu dans l'histoire.

Ce qui arrive aux États-Unis, ce qu'ils commencent à découvrir depuis quelques années, c'est que le *melting-pot* n'a pas fonctionné autant qu'ils le croyaient. Et on assiste maintenant à tous ces retours d'identités immigrantes qu'on croyait avoir effacées mais qui se réveillent, ou alors à des résistances des nouveaux immigrants qui ne veulent pas se fondre dans le melting-pot. Je parle ici surtout des Mexicains, des Latino-Américains. Et puis évidemment, au cœur de ce réveil multiculturel radical qui inquiète l'élite américaine, il y a les Noirs, les Afro-Américains. Ils sont un des éléments qui risquent de faire éclater les cadres symboliques traditionnels de la nation américaine, en remettant en cause ses grandes définitions, ses grandes symboliques fondatrices qui, au fond, étaient celles des Blancs d'origine britannique. Les États-Unis sont aujourd'hui aux prises avec de grandes tensions et ce n'est pas certain qu'ils vont réussir à contenir les expressions multiculturelles qui se font jour de manière de plus en plus vive. Tout cela alimente présentement un débat très vif, très important.

M. L. Mais tout ça n'est peut-être pas le simple fait de l'existence ou non d'une mémoire longue. Peut-être qu'un pays européen qui serait soumis à la même sorte d'immigration intensive, et on le voit en France par exemple, arriverait au même problème.

G. B. Oui, sauf que les collectivités neuves sont les seules à avoir été soumises à une immigration aussi forte et aussi diversifiée, surtout depuis le début du XIXe siècle. Beaucoup plus que les nations européennes. Dans un pays comme l'Australie, il y a des Noirs, des Asiatiques, des Africains, des Polynésiens, des Européens de toutes origines, des Scandinaves, des Anglophones, c'est extrêmement diversifié. Alors que, en Europe, il n'y a pas beaucoup d'Asiatiques, par exemple, et relativement peu de Noirs. Et, à part les Lapons, il n'y a pas vraiment d'« Autochtones » en Europe. Il faut ajouter à cela que, dans la plupart des collectivités neuves, le problème de la diversité a dû être surmonté dans un contexte colonial, par des nations en formation, des États et une élite relativement faible qui devait s'employer à établir sa légitimité.

Donc, même les États-Unis sont en train de vivre une crise identitaire. Au Canada anglais, on le sait, on ne parle que de cela. Le Québec, c'est pareil. Depuis qu'on ne se définit plus comme Canadiens français, on s'affirme comme Québécois, mais on ne s'entend pas sur ce qu'il faut mettre dans ce vocable : où et comment place-t-on les Anglophones? les Autochtones? les communautés culturelles? les nouveaux Francophones créés par la loi 101? On est loin d'avoir réglé tout le problème.

M. L. Mais c'est simple, on met dans la nation tous ceux qui vivent au Québec.

G. B. Oui, mais une fois qu'on a dit ça, on n'a pas tout dit, loin de là. On a établi une donnée très importante sur le plan juridique, mais pour le reste, sur les plans culturel et symbolique, en ce qui concerne les rapports interethniques et la mémoire, on a indiqué un horizon plus qu'un contenu. Le contenu, nous sommes en train d'y réfléchir. Nous ne savons pas exactement ce que nous allons mettre là-dedans. Notre rapport avec les Amérindiens, nous ne savons pas comment nous allons le redéfinir. Notre rapport avec les communautés culturelles est une source de malaise pour plusieurs Canadiens français. Maintenant que nous nous définissons tous comme Québécois, au fond, nous avons tracé un cercle, mais on ne sait pas très bien comment l'aménager, comment redessiner l'échiquier symbolique à l'intérieur du cercle. Il y a donc là aussi un problème identitaire. Et puis, il s'exprime d'une autre manière, ce problème, pour les Canadiens français : c'est le rapport avec la France, qu'on a beaucoup redéfini depuis quelques décennies, tout comme, en parallèle, le rapport avec l'américanité, avec le continent.

M. L. Vous avez parlé de la formation de la culture, de l'identité, de la mémoire, de l'accès à l'idée nationale. Votre modèle des collectivités neuves, qu'est-ce qu'il nous apprend d'autre ?

G. B. Il y aurait bien d'autres aspects à évoquer concernant la culture des collectivités neuves ; par exemple la formation de la culture savante, dans les idéologies, les sciences, la religion, dans la littérature et dans les arts. Mais je me contenterai d'une dernière remarque concernant l'évolution de la relation entre les collectivités neuves et leur mère patrie. On est en présence, au début, d'une relation de colonie à métropole et il est très intéressant d'observer comment elle va se transformer, et aussi comment la nouvelle nation va se poser par rapport à cette relation. En gros, il y a deux grandes orientations types, avec une foule de variantes entre les deux. Dans le premier cas, la collectivité se moule dans le lien colonial et se constitue comme une réplique de la mère patrie, dont elle reproduit les institutions, les idéologies, les traditions, et le reste. C'est le modèle de la continuité. Dans l'autre cas, la collectivité se dresse contre la mère patrie, elle lui tourne le dos et entend se constituer contre elle, selon un modèle radicalement neuf. C'est le modèle de la rupture.

À l'aide de ces grands repères, on peut situer les collectivités neuves les unes par rapport aux autres. Et on peut aussi caractériser leur évolution.

M. L. Comment se situe le Québec, par exemple ?

G. B. Cette mise en perspective permet de mettre en relief deux traits importants dans l'itinéraire québécois. D'abord, parmi toutes les collectivités neuves connues (plus de vingt-cinq), le Québec est la seule à ce jour, ou l'une des seules, avec Porto Rico, à ne pas avoir réalisé son indépendance politique. Deuxièmement, dans le domaine culturel, elle a suivi une évolution qui est unique. Toutes les autres collectivités, suivant des chemins et des chronologies très différentes, ont reproduit le même schéma, en passant de la continuité à la rupture. Dans une phase initiale, elles ont reproduit la culture de la mère patrie, dont elles étaient totalement dépendantes. Puis, peu à peu, elles ont édifié une culture autonome, elles ont effectué leur décrochage. Dans le cas du Québec, c'est assez remarquable, on observe plutôt deux allers et retours : de la continuité à la rupture (du XVIIe siècle au milieu du XIXe siècle), puis un retour à la continuité (jusqu'à la Seconde Guerre mondiale environ), puis une autre volte-face vers la rupture. C'est très révélateur d'examiner le passé québécois sous un éclairage comme celui-là. Et, au moment où nous nous parlons, plusieurs signes donnent à penser que l'élan vers la rupture est peut-être en train de ralentir.

M. L. Avant d'aller plus loin, si vous le voulez bien, nous allons faire un passage un peu plus technique, ou méthodologique, pour avoir un aperçu de la façon dont vous travaillez. Votre ambition d'historien est de trouver de meilleurs moyens de savoir ce qui s'est réellement passé et pour cela vous recourez à l'histoire sociale et comparée, à la génétique et à la généalogie. Je voudrais que nous arrivions à comprendre comment vos méthodes permettent d'identifier les éléments clés de nos problèmes identitaires.

CHAPITRE IV

Des miroirs pour se voir

M. LACOMBE. Pouvez-vous nous expliquer votre méthode d'analyse historique et le travail que vous avez fait, Gérard Bouchard, en France et ici?

G. BOUCHARD. Partons, si vous le voulez, de l'histoire sociale, ce genre scientifique qui est né en Europe dans les années 1930-1940 et qui a envahi la pratique historienne en 1960-1970. Ce sont d'abord les Européens qui ont ressenti le besoin de s'expliquer autrement leur propre devenir, leur propre société. Le contexte qui a amené les intellectuels à mettre au point une autre démarche de connaissance historique, une autre façon d'essayer de se comprendre, c'est la prise de conscience que, à partir de l'histoire biographique ou l'histoire événementielle, à partir de la science traditionnelle autrement dit, on ne pouvait pas bien saisir le devenir d'une société. Les expériences clés vécues par les Européens, c'étaient les deux guerres mondiales, bien entendu, mais aussi la Crise économique de 1929 et les fascismes des années 1920-1930.

Ces traumatismes ont nourri le sentiment chez les intellectuels et les spécialistes des sciences sociales — pas seulement chez les historiens donc — qu'il fallait réformer les procédures d'analyse; que visiblement on n'avait pas bien compris l'évolution des sociétés européennes, car alors on aurait peut-être évité ces grandes catastrophes. Cette réflexion a été alimentée par un sentiment de crise parmi les scientifiques, qui ont senti le besoin de réformer les procédés de la connaissance. Et l'histoire sociale est née dans ce bassin-là.

La crise de conscience des historiens

M. L. Pourrait-on dire que les historiens et les autres spécialistes des sciences sociales se sont sentis coupables d'avoir encouragé une vision de la société qui mène à la guerre?

G. B. Non, pas une vision de la société qui mène à la guerre, parce que ce n'est pas cela qui a entraîné la guerre, mais leur travail n'a certainement pas aidé à comprendre les tendances qui étaient en cours et qui allaient conduire à la guerre, ou qui, dans les années précédentes, avaient conduit à la grande crise économique et aux fascismes. Non, pas un sentiment de culpabilité, mais certainement le sentiment d'un échec, c'est sûr.

M. L. Le sentiment d'avoir réfléchi trop tard?

G. B. Oui, une crise de conscience, disons. Une crise de conscience scientifique, si vous voulez. Prenons un exemple pour illustrer ce qu'on vient de dire : la Crise économique de 1929, dont tout le monde connaît les conséquences. Ce serait très difficile de trouver un ou quelques « coupables » de cet événement. En ce sens, il n'y a pas de grands noms qui soient rattachés à l'origine de la crise économique. C'est certain que, si on parle du nazisme et de l'extermination des Juifs durant la Seconde Guerre mondiale, on pense à Hitler, mais, en ce qui a trait à la crise économique de 1929 ou aux deux guerres mondiales, on n'a pas de noms d'individus, de «grands hommes» à invoquer comme étant les parrains de ces bouleversements.

Ces phénomènes étaient inscrits dans des tendances collectives, dans des mécanismes qui, à un moment donné, se sont déréglés et puis qu'on a essayé de remettre sur les rails alors qu'il était trop tard. On voit bien ici que l'histoire individuelle, l'histoire biographique, est inapte à rendre compte des crises, des grands phénomènes collectifs. C'est pour cette raison qu'à un moment donné on a ressenti le besoin de réformer les procédés de la connaissance historique. On pourrait donner de nombreux exemples ici. Pensons aux perturbations qui naissent de l'urbanisation, qui modifient les cadres sociaux, qui entraînent ce qu'on a appelé la laïcisation, c'est-à-dire la désaffection vis-à-vis de la religion, qui brouillent les vieilles traditions, qui font décliner les anciens rituels, qui modifient les rapports sociaux à l'intérieur de la ville ou au sein du groupe familial : ce genre de changements, on est incapable de bien en rendre compte avec l'histoire traditionnelle. Il n'y a pas de Louis XIV ou de Napoléon à l'œuvre ici.

Et puis toutes ces inégalités sociales qui se creusent ou qui se transforment, ces phénomènes de générations dans les comportements démographiques (la baisse de la fécondité, les perturbations qui affectent les taux de nuptialité, etc.), comment va-t-on expliquer tout cela? L'histoire traditionnelle est dépassée sur ce terrain. Pourquoi la disparition de la sorcellerie au XVIIIe siècle? Pourquoi le déclin des monarchies? Pourquoi l'essor du capitalisme? Pourquoi les colonialismes? Pourquoi la mondialisation?

Prenons l'exemple de François Simiand, historien français, économiste et un peu sociologue. Je mêle ses titres parce que, par définition, l'histoire sociale est interdisciplinaire, c'est l'histoire qui se définit comme science sociale ; on y fait entrer de la sociologie, de la démographie, de l'économie, de l'ethnologie, et plus encore. François Simiand, donc, a essayé de comprendre les cycles économiques, les cycles qui font alterner les périodes de croissance et de dépression, à intervalles presque réguliers. Comment les expliquer ? Ce ne sont pas les « grands hommes » qui commandent ce mouvement. Ce sont en grande partie des mécanismes qui sont impersonnels, apparemment autonomes et qui peuvent être analysés comme tels.

M. L. Que l'économie n'est pas capable d'expliquer toute seule, que la démographie n'est pas capable d'expliquer toute seule, que l'histoire n'est pas capable d'expliquer toute seule, c'est ça ?

G. B. Voilà l'autre volet d'interrogation. Une fois qu'on a mis de côté la démarche de ce qu'on va appeler rapidement l'histoire traditionnelle (on dit aussi : histoire événementielle ou positiviste) et qu'on s'en remet à la démarche de l'histoire sociale, quels sont maintenant les facteurs qu'il faut identifier comme étant à l'origine du changement dans les structures sociales ou dans la vie collective en général ? C'est une question extrêmement complexe. Certains privilégient les facteurs économiques, en disant qu'ils expliquent tout fondamentalement, dans la longue durée. D'autres privilégient la culture, en disant que ce sont d'abord les croyances collectives, les valeurs, etc., qui sont prioritaires, en fonction desquelles tout le reste s'organise et s'ordonne. Et puis d'autres privilégient la démographie, les variations dans les effectifs humains. Par exemple, on a souvent tenté d'expliquer les guerres par le mouvement des populations, par les pressions démographiques, le manque d'espace habitable si vous voulez. Quand il y a surpopulation, comme on peut l'observer dans les espèces animales, il y a un durcissement des tensions, il y a l'apparition de comportements agressifs, et puis des conflits, des affrontements surviennent.

En simplifiant beaucoup les choses, on a proposé des modèles semblables pour expliquer certains comportements des sociétés humaines. Le facteur spatial a lui aussi été très populaire pendant un temps; il l'est maintenant un peu moins. Certains géographes ont dit que le territoire était déterminant, avec ses caractéristiques, ses contraintes, ses impératifs. On a voulu montrer, par exemple, à partir de là, que les caractéristiques géographiques expliquaient les formes de la vie rurale (c'est un exemple entre cent), et que ces formes à leur tour conditionnaient le genre de vie qui allait éclore dans ces habitats. Le genre de vie : c'est-à-dire la culture, les formes de la vie quotidienne mais aussi l'aménagement des rapports sociaux. C'est un exemple de démarche déterministe, mécaniciste.

Il existe de nombreuses thèses de ce genre. Aujourd'hui, elles sont presque toutes tombées en défaveur. La perspective qui prévaut maintenant, du moins dans la science historique, c'est que la vie collective est la résultante d'un ensemble d'interactions qui mettent en jeu une multiplicité de facteurs. L'espace, la démographie, l'économie, la vie politique, la religion, la culture en général, exercent leur action, leur contribution. C'est la conjonction de toutes ces causes qui finit par produire ce qu'on appelle la vie collective et qui lui imprime son mouvement. Le travail de l'historien, c'est d'essayer de démêler toutes ces trames-là, toutes ces actions et ces interactions, et d'identifier aussi bien les facteurs que les acteurs —, mais on parle ici d'acteurs collectifs : les groupes, les institutions, les partis, les classes, etc.

Prendre le temps

M. L. L'histoire sociale se développe en même temps qu'une autre grande idée du siècle, le structuralisme.

G. B. Avec Claude Lévi-Strauss notamment, qui a enrichi l'ethnologie française de très grands travaux, l'idée centrale du structuralisme, c'était de vider l'historicité de son contenu. Il posait l'existence de formes, de relations formelles, qui orchestraient la vie collective, qui commandaient son mouvement, ses expressions. Le problème, dans l'affirmation centrale du structuralisme, c'est qu'on voit mal comment on peut y introduire les changements, la différenciation. Qu'est-ce qui va expliquer le devenir? Le changement ne peut pas être l'effet de phénomènes structurels immuables. Ce qui force un changement est forcément circonstancié, contextuel. Et puis le changement, c'est en somme la modification des structures elles-mêmes, de ces relations fondamentales données comme permanentes.

Alors le structuralisme est en difficulté devant le problème du changement. Et c'est là que l'historien retrouve ses droits, qu'il légitime son terrain. Il y a eu d'importantes discussions en France dans les années 1950, 1960, entre l'école de Lévi-Strauss et les historiens, en particulier autour de Fernand Braudel et de l'École des Annales à Paris, pour essayer de faire la part des structures et du changement.

C'était une controverse importante parce qu'elle tournait autour d'une question fondamentale : comment rendre compte du social, du collectif? Est-ce que c'est le produit de structures permanentes, fondamentales, qu'on peut décoder? Ou est-ce le produit accumulé d'un devenir toujours en train de se refaire, de se renégocier? En somme, ce qu'on peut observer empiriquement, c'est le produit du changement figé dans un instantané. Mais on peut l'interpréter de deux façons : en affirmant la structure comme condensé de changements, ou le devenir comme expression d'une structure. Ce sont deux démarches opposées.

M. L. Quelle est la base, la justification philosophique de votre discipline, l'histoire sociale ?

G. B. J'en verrais trois. Il y a trois postulats, trois choix qu'on affirme au départ lorsqu'on est praticien de l'histoire sociale. Le premier, c'est que, pour rendre compte de la société dans laquelle on vit, de ce qu'on est et de ce qu'on devient, il faut d'abord examiner des phénomènes supra-individuels : des faits, des réalités qui se constituent au-delà et presque à l'insu de l'individu, et qu'on appelle des phénomènes collectifs ou des phénomènes sociaux. C'est là d'abord qu'il faut aller voir si on veut comprendre les environnements, les cadres au sein desquels, à partir desquels les individus élaborent leurs représentations, leur genre de vie, leur destin. Ensuite, on doit considérer les individus eux-mêmes, de façon très singulière. C'est le premier postulat de l'histoire sociale : d'abord les grands arrangements collectifs, les cadres quotidiens, ensuite les individus.

M. L. C'est presque l'histoire de la vie quotidienne finalement.

G. B. On peut examiner ces phénomènes à l'échelle microscopique, c'est-à-dire le social proche, le communautaire, la quotidienneté et tout ce qui la nourrit : les genres de vie, les relations sociales, les émotions ; tout cela, c'est à l'échelle micro, très fine, de l'histoire sociale. Mais si on élargit la perspective, on s'aperçoit que rien ne dépend vraiment du hasard, rien n'est inventé complètement par l'individu, même s'il participe effectivement, et d'une manière importante, au mouvement de l'histoire. Une grande partie des comportements et des choix individuels s'élaborent en interaction avec des modèles qui sont mis en place dans la société et que nous avons assimilés. Et ces modèles, il faut en rendre compte. L'histoire sociale prend pour objet ces phénomènes-là, dans la durée.

Le deuxième fondement de l'histoire sociale, c'est le postulat du devenir contre la structure. Un historien, c'est un scientifique qui, par tempérament, aborde les choses sous l'angle du changement. Alors que, pour certains courants de l'ethnologie, par exemple, c'est l'inverse. J'insiste : un historien, c'est un scientifique qui, lorsqu'on lui donne à observer un état social donné, une photographie d'un aspect de la vie collective, va toujours d'abord essayer de la projeter dans le temps, d'insérer la photo dans un film, si vous voulez. Quelle est l'évolution qui a conduit à cela ? Quelles sont les étapes qui ont été franchies dans l'histoire de cette société pour en arriver à cet état ? Et qu'est-ce que c'est en train de devenir ?

M. L. Le *comment* au lieu du *pourquoi*. Comment on est arrivé là ?

G. B. Remarquez qu'un sociologue aussi se posera la question du *comment*, mais il y répondra d'une manière différente. Le propre de l'historien, c'est de construire le comment dans le passé, en le déroulant dans le temps, en mettant au jour les tendances longues, les continuités et les ruptures. C'est sa manière d'éclairer l'actuel, en l'éclatant dans la rétrospective, dans ses antécédents, en cherchant ses empreintes dans le temps.

Et le troisième postulat, c'est la méfiance à l'endroit de toute forme de déterminisme ; c'est de croire qu'en dépit, au travers des contraintes collectives, un coefficient de liberté subsiste, qui rend le devenir imprévisible et qui rattache la science historique à une très vieille tradition humaniste.

M. L. L'histoire comme science de la liberté... c'est magnifique, non?

G. B. Retenons l'expression puisqu'un grand maître français, Lucien Febvre, parlait, lui, de la science des possibles... C'était sa façon d'affirmer que, dans l'histoire des sociétés, rien n'est prédéterminé puisqu'en définitive ce sont les humains et non les facteurs matériels qui sont aux commandes. Je crois que c'est à la fois un constat et un pari. J'aime bien l'esprit de cet énoncé.

Quand on se compare

M. L. L'histoire sociale repose donc sur une méthode apparue d'abord en Europe pour les raisons que vous décrivez, dans les circonstances que vous décrivez. Vous et votre groupe, vous avez appliqué cette méthode à l'étude du Québec. Vous prenez le Québec, en tant que terre américaine, en tant que nouvelle collectivité humaine, qui s'invente au fur et à mesure.

G. B. Je dois fournir ici une précision. Cette démarche de l'histoire sociale, moi, je l'ai appliquée ici au Québec, mais je n'ai pas été le premier à le faire. C'est la génération qui m'a précédé qui l'a introduite : Jean Hamelin, Alfred Dubuc, Fernand Ouellet, Louise Dechêne et quelques autres. Il y a eu toute une génération de pionniers et j'appartiens à la deuxième génération de l'histoire sociale. Disons que j'ai essayé d'aller plus loin.

M. L. Et votre manière à vous, c'est aussi de comparer. En regardant le Québec, vous vous êtes rendu compte que vous faisiez face à des problèmes qui sont communs de la Terre de Feu à la Terre de Baffin, c'est-à-dire l'Amérique du Sud, l'Amérique du Nord, tous les pays ou collectivités qui se sont récemment constitués.

G. B. Oui, à partir du moment où j'ai décidé d'emprunter d'abord une démarche d'histoire sociale, j'ai voulu la combiner avec une démarche d'histoire comparative. Parce que, encore une fois, jusqu'en 1940 ou même 1950, la grande majorité des historiens qui étudiaient le passé du Québec le faisaient en racontant la vie des personnages illustres qui ont vécu en ce temps-là, en célébrant la mémoire des héros : Madeleine de Verchères, Marie de l'Incarnation, les saints martyrs canadiens, Dollard Des Ormeaux, les grands découvreurs, d'Iberville et compagnie, Jacques Cartier, Champlain, Talon, c'était cela la véritable histoire. C'est probablement celle que vous avez apprise aussi.

M. L. Oui, savoir si le père Brébeuf avait vraiment des haches rougies autour du cou, etc.

G. B. Disons que d'autres ont eu plus de chance que vous, tout de même… Dans une large mesure, comme partout ailleurs, on a rendu compte de notre histoire à partir de la vie de personnages qui nous paraissaient remarquables, plus importants que les autres. Mais, depuis une quarantaine d'années au Québec, l'histoire sociale a été de plus en plus pratiquée et diffusée. Elle s'est imposée. Quand j'ai commencé à travailler, je suis monté dans un train qui était déjà en marche. Mais très vite, j'ai ressenti le besoin d'assortir cette pratique de l'histoire sociale d'une dimension comparative. Peu à peu, j'ai appris à me méfier de l'interprétation qu'on pouvait tirer d'un phénomène, d'un contexte ou d'une histoire considérés isolément. Je me suis convaincu qu'on ne comprend bien une réalité (je n'étais pas le premier à le penser) que si on l'insère dans la trame large à laquelle elle appartient, donc si on la compare, si on la confronte à l'ensemble des phénomènes qui lui sont apparentés. À ce moment-là, il y a des choses qu'on découvre et qu'on n'aurait pas perçues autrement, d'autres qu'on croyait voir et qui n'existent pas, qui étaient des illusions. Il y a aussi des réductions, des simplifications dont nous prenons conscience grâce à la comparaison. Quelqu'un a déjà dit qu'on ne connaît bien aucune société si on n'en connaît qu'une.

Les leçons du Saguenay

M. L. Est-ce qu'il y a un événement particulier qui vous a mené à ce choix?

G. B. Je me suis ouvert à cette perspective dans le cours de mes analyses sur la société saguenayenne, dont je rends compte en détail dans *Quelques arpents d'Amérique*[1]. Quand j'essaie de me rappeler ce qui m'avait amené à travailler sur le Saguenay, je me souviens que, une des curiosités que j'avais tout au début, c'était de voir dans quelle mesure les représentations qui circulaient dans la société québécoise correspondaient à la réalité empirique, telle qu'on pouvait la découvrir dans une démarche d'histoire sociale. Les représentations de ce que nous étions supposés avoir été, les représentations du Canadien français qui ont circulé dans notre société depuis le milieu du XIXe siècle jusqu'à une époque récente, j'étais

---

1. Boréal, Montréal, 1996.

curieux de voir comment elles pouvaient se traduire dans la vie quotidienne des gens. En un sens, j'étais désireux de confronter la réalité empirique d'une société avec les représentations que les élites en avaient élaborées. Dans les années 1960, à l'époque où j'ai fait mes études de sociologie à l'Université Laval, à Québec, on étudiait beaucoup les idéologies. On les étudiait bien d'ailleurs ; je crois que c'étaient de bonnes analyses. Mais, à la base de ces travaux, il y avait un petit peu l'idée que, à travers l'analyse des idéologies, on pouvait comprendre la société elle-même.

M. L. Qu'est-ce que ça voulait dire, étudier les idéologies, à ce moment-là ?

G. B. Prenons l'exemple de mon mémoire de maîtrise. Comme tous les autres chercheurs engagés dans ces études à l'époque, j'avais choisi d'analyser le contenu d'un journal. Dans mon cas, c'était un quotidien qui avait paru à Montréal entre 1850 et 1900, et qui s'appelait *Le Nouveau Monde*. Il fallait dégager les représentations qu'on y diffusait du Canadien français, de la nation, de la religion, de l'économie, du travail, de la politique, de l'ensemble de ce qu'était la société québécoise de cette époque-là. Mais tout cela, à travers ce que le journal pouvait en dire dans ses éditoriaux, dans ses articles, donc à travers ses perceptions particulières. Ces perceptions, ou ces idéologies, s'offraient en quelque sorte comme porte d'entrée pour comprendre une société. À un moment donné, je me suis trouvé mal à l'aise intellectuellement, scientifiquement, dans une démarche comme celle-là. Et c'est alors que j'ai rencontré un historien français, Robert Mandrou, qui venait au Québec de temps à autre et qui m'a invité à aller travailler avec lui. L'invitation était intéressante parce que Robert Mandrou était l'un des chefs de file de l'École des Annales que j'ai évoquée à l'instant.

Sortir du Village immobile

M. L. Vous êtes parti avec Robert Mandrou en Europe.

G. B. À ce moment, il me restait un an à faire pour obtenir ma maîtrise. Nous avons convenu que lorsque j'aurais fini, j'irais le trouver pour faire avec lui une thèse de doctorat. Ce que j'ai fait l'année suivante. Je suis parti au mois d'août 1968 et je suis resté trois ans en Europe. L'expérience représentait pour moi la possibilité de travailler sur quelque chose de très concret. J'ai étudié quelques villages du centre de la France, près d'Orléans, dont j'ai essayé de reconstituer l'évolution durant le XVIIIe siècle. J'ai rassemblé les résultats de mes travaux dans *Le Village immobile*[2]. En examinant les comportements démographiques (la fécondité, les taux de mortalité, etc.), on apprend, par exemple, que ces familles avaient un enfant à peu près tous les 20 à 22 mois, mais qu'il y en avait au moins 1 sur 4 qui mourait avant d'arriver à l'âge d'un an. La moitié seulement des nouveau-nés survivaient jusqu'à l'âge adulte. Ces données sont précieuses; elles aident à mieux comprendre ce qu'était la relation parents-enfants dans cette société. L'enfance était une matière friable, périssable. Elle se prêtait donc mal à une relation très intense, très affective, comme elle l'est devenue dans notre société.

M. L. Maintenant qu'on a un seul enfant.

G. B. Vous voyez, la reproduction familiale était quelque chose d'extrêmement différent de ce que nous connaissons. Elle

---

2. Plon, Paris, 1972.

devait forcément susciter des représentations, des symboles, des relations différentes. Mais pour découvrir cela, il fallait commencer par reconstituer les données empiriques très fines, le cadre de vie démographique de ces gens-là.

J'ai étudié également la vie des institutions, la vie de la paroisse, le conseil municipal ou ce qui en tenait lieu, les loisirs, les conditions économiques, les comportements religieux aussi. J'avais mis la main sur le journal d'un religieux très cultivé qui avait été curé pendant une trentaine d'années dans cette paroisse au XVIIIᵉ siècle. Il avait consigné tous les jours par le menu ce qui s'était passé dans sa communauté. Et il avait ajouté ses réflexions. Il faisait lui-même une sorte d'analyse de ce qu'était la vie de sa paroisse. Étant originaire d'une autre région, plus prospère et plus alphabétisée, il était étonné par les comportements de ses paroissiens. Ce document d'une très grande richesse (il m'avait fallu éplucher des répertoires pendant plus de deux mois dans les bibliothèques de Paris avant de le découvrir…) me fournissait un éclairage direct sur la vie quotidienne des gens, sans passer par le biais des représentations officielles qu'en construisaient les élites, avec tout le travail de distorsion, de redéfinition, de transformation qu'elles lui faisaient subir. J'avais une prise directe sur cette réalité. C'était inestimable, même si je devais me méfier aussi des distorsions, de l'éclairage particulier que mon curé introduisait lui-même dans son compte rendu.

M. L. Un témoignage direct sur les comportements de l'époque.

G. B. Le plus proche qu'on puisse trouver pour une période aussi ancienne. J'avais l'impression de tenir quelque chose de concret, de charnel, du solide à partir de quoi on pouvait ensuite aller plus sûrement vers d'autres analyses. Je m'appuyais en plus, bien sûr, sur mes reconstitutions détaillées des données démographiques, économiques, sociales. Si bien que j'avais le sentiment de tenir un fondement empirique très fiable, que j'avais mis en place suivant une méthodologie rigoureuse, des procédés vérifiables : dont je pourrais tirer des interprétations qui permettraient de critiquer les représentations diffusées par les élites. C'est ce travail-là qui m'a amené à Paris.

M. L. Pourquoi ce titre : *Le Village immobile* ?

G. B. C'est parce que, au moment où j'ai fait mes études à Paris, le XVIIIe siècle était, pensait-on, le moment où de grandes mutations décisives étaient survenues dans la société française. Jusque-là, on avait l'impression que c'était la Révolution française qui avait entraîné toutes les grandes transformations (révolution agraire, concentration de la propriété, essor de la bourgeoisie…). Peu à peu s'imposait une autre hypothèse selon laquelle, au fond, la Révolution de 1789 n'avait pas tout fait ; au moment où elle est survenue, il y avait déjà beaucoup de transformations importantes qui s'étaient effectuées dans la société française, pendant le XVIIIe siècle, ou même avant.

C'est assez analogue à ce qui se passe aujourd'hui avec la Révolution tranquille au Québec. Pendant un moment, on a cru que la Révolution tranquille avait réalisé tous les changements conduisant à la modernité. Maintenant, on est en train de découvrir qu'au contraire, dans les années 1940-1950, et même avant, il y a eu d'importantes transformations. La Révolution tranquille, finalement, aurait été un point culminant, la consécration institutionnelle d'une assez vieille histoire.

Alors, *Le Village immobile* parce que, dans ces villages que j'ai étudiés, les principaux changements étaient déjà survenus au moment de la Révolution française. En outre, alors même que le XVIIIe siècle aurait dû être la période de grands fourmillements dans ces terroirs, finalement les structures étaient plutôt stables, il ne se passait pas grand-chose.

M. L. Quels avaient été ces changements?

G. B. Des changements dans la structure de la famille, dans les relations de pouvoir ou dans les structures de la propriété foncière. Est-ce que c'étaient encore des seigneurs qui possédaient la terre ou des roturiers? des paysans de la place ou des bourgeois de la ville voisine? Est-ce que le régime seigneurial avait commencé à décliner au profit du capitalisme? Est-ce qu'on voyait poindre des manifestations d'individualisme? Est-ce que ces paysans étaient très religieux? Soumis à leur curé? et ainsi de suite.

BALSAC : le fichier de la population du Québec

M. L. En France vous avez appris la méthode de l'histoire sociale mais ce n'est qu'à votre retour que vous l'avez appliquée comme vous le vouliez.

G. B. Quand je suis revenu de Paris en 1971, le manuscrit de ma thèse était sur le point d'être publié, j'avais le sentiment que ce que j'avais fait, c'était vraiment ce qu'il fallait faire, c'était la bonne direction. Dans ce sens-là, j'étais assez content de mes travaux. D'autre part, j'avais le sentiment que je n'avais pas disposé des moyens techniques et matériels nécessaires qui auraient permis d'aller jusqu'au bout des analyses, d'aller au fond des choses, comme j'aurais dû le faire. Une thèse de doctorat, c'est quand même un effort limité, et on est tout seul. Je voyais bien qu'au Québec, avec des subventions, je pourrais monter une équipe, tirer profit de l'informatique, construire une banque de données (un fichier de population), mettre en place une infrastructure scientifique considérable dont on pourrait tirer des analyses beaucoup plus fines, beaucoup plus riches. Ce fut le début de mon enquête sur le Saguenay.

Ce qui m'intéressait, c'était de vérifier les stéréotypes du Canadien français, les représentations qui s'étaient accréditées dans notre société depuis le milieu du XIXe siècle, et de les confronter à la réalité du Canadien français dans sa version saguenayenne, si je peux dire. C'était intéressant de le faire dans une région qui était considérée comme traditionnelle, homogène, peu touchée par les bouleversements de la modernité. Le Saguenay, ce n'est pas Paris, ce n'est pas le Montréal cosmopolite non plus, comme vous le savez. Si le Canadien français, tel que reproduit dans ses stéréotypes, avait existé et qu'on pouvait le trouver quelque part, il me semblait que le Saguenay était une bonne place pour enquêter.

Alors j'ai commencé un peu le même genre de reconstitution que ce que j'avais fait pour *Le Village immobile*, mais à une plus grande échelle, avec des moyens beaucoup plus considérables. J'ai étudié la mise en place de la population puis son évolution. C'était fascinant, à cause du contexte de colonisation. Je prenais une collectivité au temps zéro. Bien sûr, il y avait les Amérindiens, mais ils étaient déjà en périphérie à cette époque. En 1840, le gibier était devenu très rare et les populations autochtones étaient finalement assez peu présentes dans les premiers espaces de peuplement du Saguenay.

Donc, on observe un habitat au point zéro, avec la chance extraordinaire de l'étudier en train de se former. C'est l'idéal pour un historien, et c'est un rêve qui est impossible en Europe ; les étapes de la formation des populations sont trop anciennes.

M. L. On peut préciser ces « moyens beaucoup plus considé-rables » en expliquant ce qu'est le fichier BALSAC[3] ?

G. B. BALSAC, c'est une infrastructure de recherche qui prend la forme d'une banque de données provenant surtout de l'en-registrement des actes de naissance, de mariage et de décès. Le plus gros des données vient de l'état civil, qui recouvrait toutes les paroisses depuis le début du peuplement. J'avais fait le projet d'appliquer, mais à une échelle très large, celle d'une région, une méthode qui avait été mise au point en France, mais qu'on avait utilisée jusque-là à l'échelle paroissiale seule-ment. C'était ce qu'on appelait la méthode de reconstitution des familles. En France, on avait commencé, à partir des an-nées 1950, à utiliser ce procédé. On dépouillait les actes de naissance, mariage et décès d'une paroisse sur un siècle envi-ron, ce qui donnait quelques milliers d'actes que l'on classait manuellement en partant des actes de mariage. On consti-tuait ainsi des fiches de famille.

Une fiche de famille, ça se créait donc en principe en par-tant d'un mariage. On prenait un couple qui venait de se for-mer et on classait dans la même fiche tous les événements relatifs à ce couple-là : la naissance et le décès de ses enfants, leurs mariages aussi ; la fiche était complétée par les actes de décès de l'homme et de la femme, qui avaient fondé la famille. À partir d'une fiche de ce genre, on pouvait reconstituer toute l'histoire du couple et de ses enfants. Le travail consistait à créer autant de fiches qu'il y avait de couples dans les registres de l'état civil. Le problème est d'éviter les pièges du classe-

---

3. Le mot est formé des lettres initiales de diverses régions du Québec, de la Beauce au Saguenay – Lac-Saint-Jean et aux Laurentides, de l'Abitibi au Bas-Saint-Laurent, en passant par la Côte-Nord et Charlevoix.

ment, du jumelage, qui peuvent conduire, par exemple, à imputer à un couple un enfant qui n'est pas le sien. Au Saguenay, nous avons fait ce travail pour la période 1838-1971. Il en a résulté 125 000 fiches de famille comprenant au total 650 000 actes de naissance, mariage et décès.

M. L. Il me reste une insatisfaction. Si on commence avec le premier Tremblay ou Simard ou Gagnon qui se marie, qu'est-ce que ça veut dire : la fiche se termine avec le décès des deux membres du couple ? À la limite, est-ce qu'il n'y a qu'une seule fiche principale pour tous les Tremblay ? Il y a quelque chose que je ne saisis pas.

G. B. Dans une première étape, celle de la reconstitution des familles, on ne reconstruit que les familles conjugales : père, mère et enfants. C'est dans une étape subséquente que les généalogies sont reconstituées : il s'agit alors d'assembler les fiches de famille de Tremblay ou de Simard pour créer les filiations intergénérationnelles dans la longue durée. Si on bâtit une généalogie ascendante, par exemple, on part d'une fiche de famille et il suffit de raccorder le père avec la famille dont il est issu ; même chose pour la mère. En descendance, on fait une opération analogue, mais en aval, à partir de chacun des enfants qui ont formé une famille et qui ont eu eux-mêmes des enfants.

On peut réaliser toutes sortes d'études à l'aide de ces données. D'abord des analyses de la fécondité, de la mortalité, de la nuptialité. Mais on peut aussi reconstituer l'histoire migratoire d'une famille, à condition de travailler à une échelle plus large que celle de la paroisse. Parce que, dans chacun des actes, on donne la résidence du couple. On peut aussi faire une analyse de l'alphabétisation parce que, à chaque fois qu'un couple apparaissait à l'état civil, le père était invité à signer, s'il le pouvait. On peut également conduire des études socioprofessionnelles, donc des études de mobilité sociale, puisque le père est appelé à déclarer aussi sa profession dans chaque acte. On trouve également des informations sur la consanguinité, le caractère « légitime » ou « illégitime » des nouveau-nés, comme on disait à l'époque. On peut conduire des analyses de génétique, ou d'épidémiologie génétique. Et il y a bien d'autres informations qu'on peut mettre à profit quand on exploite systématiquement la fiche de famille : les modèles de prénomination, certaines croyances religieuses, la conformité à des règles de la morale catholique, etc. Jusqu'en 1970, en France et en Europe, la reconstitution des familles était effectuée manuellement. Je l'ai fait moi-même pour un ou deux villages français que j'ai étudiés. Mais, pour la région du Saguenay, il se posait un gros problème, à cause de la masse des données à manipuler. On parle ici d'une population de 285 000 personnes en 1971 et d'une centaine de paroisses.

M. L. Et là, vous aviez besoin de l'ordinateur.

G. B. Il fallait absolument mettre l'informatique là-dedans. Remarquez que d'autres chercheurs avaient déjà emprunté cette voie. Il y avait une équipe de démographes à l'Université de Montréal[4] qui avait commencé à informatiser les actes de l'état civil pour la Nouvelle-France. En France aussi, quelques tentatives avaient été faites, sans grand succès. Il y a eu d'autres tentatives en Angleterre, en Allemagne, en Italie. Je me suis dit que c'est ce qu'il fallait faire pour le Saguenay. Le fichier saguenayen a finalement été complété en 1986, soit quinze ans après mon retour au pays. Après quoi, nous avons

---

4. Programme de recherche en démographie historique, dirigé par Hubert Charbonneau et Jacques Légaré.

décidé de poursuivre sur notre élan et de l'étendre au-delà du Saguenay. L'objectif, maintenant, c'est de recouvrir l'ensemble du Québec pour les XIXᵉ et XXᵉ siècles, ce qui représente des millions de documents à traiter. Mais pour revenir au Saguenay, le projet a permis de reconstituer l'histoire de toutes les familles qui ont séjourné dans cette région puis de faire toutes les analyses que j'ai évoquées tout à l'heure.

M. L. Il y a donc des masses de documentation absolument phénoménales.

G. B. C'est la raison pour laquelle le travail a été si long. Il a fallu consacrer des efforts importants à la création de ce fichier de population, en se heurtant à toutes sortes de difficultés inattendues. Par exemple, les gens ne se doutent pas du problème énorme que représentent les changements dans les noms et prénoms. Quand quelqu'un allait à l'église pour enregistrer un événement démographique, il déclarait un nom et un prénom. Quand il y retournait la fois suivante, il déclarait encore un nom et un prénom — en principe les mêmes. Mais la probabilité que, pour un même individu, un nom et un prénom apparaissent sous une forme modifiée d'une fois à l'autre dans les registres était assez élevée.

Lise ou... Frémathilde ?

M. L. Pourquoi les gens changeraient-ils leur nom ?

G. B. C'est assez compliqué ! Plusieurs noms et prénoms n'apparaissent pas de la même manière d'une occurrence à l'autre. Ces changements peuvent être mineurs, mais ils peuvent aussi entraîner des changements complets de noms et de prénoms. Et il n'est pas toujours possible de comprendre pourquoi. Quand on soumet à l'ordinateur deux noms dont l'orthographe diffère, même légèrement, il conclut que ce sont des personnes différentes, forcément ; il suffit qu'il y ait une lettre modifiée et pour l'ordinateur ce n'est plus la même personne. C'est de cette façon que naissent ce que nous appelons des erreurs de jumelage. Il a fallu faire toute une étude de ce phénomène-là, parce que l'informatique y perdait son latin. Nous avons identifié différents types de ce qu'on appelle des variations nominatives : des variations orthographiques, des variations phonétiques, des substitutions. Il y a diverses formes de changement qui peuvent affecter les noms et les prénoms. Finalement, nous avons réussi à créer des programmes, des logiciels tels que l'ordinateur, dans la plupart des cas, était capable de voir si deux noms, deux formes différentes, renvoyaient ou non à la même personne. Nous connaissons maintenant les principales causes du phénomène. Ce que nous aurions souhaité, c'est de trouver une seule cause principale parce que cela aurait permis de surmonter facilement toute la difficulté. Finalement, il y a douze ou treize causes différentes, pas plus importantes les unes que les autres. Ce sont toutes sortes de circonstances bizarres, inoffensives à première vue, mais quand on les combine, elles entraînent des conséquences graves. Par exemple, la personne déclarait son nom et son prénom mais le curé entendait autre chose. Et souvent, c'était seulement un an, cinq ans, vingt ans plus tard que les gens retournaient au presbytère et disaient : « Mais c'est pas comme ça que je m'appelle, moi. » Je pourrais donner toutes sortes d'exemples : Lise qui devient Frémathilde... mystère ! Et la personne s'en s'aperçoit vingt-cinq ans après, au moment de son mariage alors qu'elle a besoin de produire son acte de baptême.

M. L. Frémathilde ! C'est un nom d'Église, ça ?

G. B. Même pas. Nous avons fait enquête dans ce cas particulier. Personne, même dans la famille, n'était capable d'expliquer comment une telle chose a pu se passer. En d'autres occasions le curé trouvait que le nom n'était pas à son goût. Alors sans prévenir, il inscrivait un autre nom. Il y a aussi le fait que les noms étaient écrits à la main. Parfois, le curé avait une écriture difficile à déchiffrer. Alors il arrivait que la lecture de nos préposés à la saisie des données soit erronée. On trouve aussi des gens qui changeaient délibérément de nom ou de prénom. Par exemple, deux Louis-Georges Tremblay qui étaient voisins ; souvent, il y en a un qui changeait ses prénoms pour qu'on puisse le distinguer de l'autre. Le problème, c'est que, sauf exception, ces changements entraient dans l'usage mais ne faisaient pas l'objet d'un enregistrement officiel. Alors quand ces personnes-là se mariaient, elles déclaraient leur nouveau prénom usuel qui n'était pas celui de leur acte de naissance. Quand l'ordinateur rapproche l'acte de mariage et l'acte de naissance, il ne peut pas conclure que c'est la même personne, il ne peut pas jumeler les deux actes.

M. L. Et vous avez réussi à démêler ça ?

G. B. Nous avons réussi, nous avons trouvé toutes sortes de moyens informatiques. Cela a pris du temps, deux ans environ seulement pour les changements de nom ou de prénom. Là où nous avons moins bien réussi, c'est avec les Autochtones dont les noms et prénoms varient beaucoup. En plus, à cause de la mobilité de cette sous-population, l'enregistrement de l'état civil est moins précis.

M. L. Comme quoi l'histoire est maintenant une science qui demande des habiletés techniques considérables.

G. B. Et beaucoup de patience aussi ! Vous voyez jusqu'où peuvent aller les exigences de cette discipline lorsqu'elle entend se donner des moyens très puissants. Sans parler des subventions que tout ce travail a nécessité. L'histoire sociale, par définition, veut observer l'ensemble des acteurs dans une société. Or, si on prétend rendre compte de l'ensemble des acteurs ou des individus, il faut se donner des sources d'information sur chacun d'entre eux. C'est du moins l'idéal visé. Il faut donc mobiliser des masses d'informations, ce qui nous amène nécessairement à faire appel à l'informatique. Il faut introduire des méthodologies quantitatives, des outils de classement socioprofessionnel, toutes sortes d'instruments. Il y a un préalable terriblement exigeant, une mise en place considérable qu'il faut faire avant de pouvoir commencer les analyses. Vous comprenez pourquoi j'ai mis vingt-cinq ans à terminer mes *Quelques arpents d'Amérique*. Au XIXe siècle, les colons mettaient environ vingt-cinq ans pour défricher une terre de vingt-cinq arpents ; j'ai suivi à peu près le même rythme…

Un « big brother » sous surveillance

M. L. C'est un travail qui va dans l'intimité des familles, qui touche des renseignements sur les personnes et qui a des incidences sans doute intéressantes pour les compagnies d'assurances. Comment assurez-vous la protection des renseignements personnels ?

G. B. La loi permet d'effectuer des recherches appuyées sur des informations personnelles, pourvu que certaines conditions soient respectées. En ce qui nous concerne, par exemple, il est évident que la construction d'un fichier de population doit s'accompagner de diverses mesures destinées à protéger la vie privée des personnes concernées. C'est ce que nous avons fait au projet BALSAC, en mettant en place, dès 1977, un premier système de normes et de dispositions concrètes, régissant la collecte des données, l'accès qu'y auraient les chercheurs et leur utilisation. Nous avons toujours travaillé avec les meilleurs juristes et éthiciens du Québec et, d'ailleurs, pour nous assurer que le système mis en place fournisse une protection optimale. Depuis vingt-deux ans, le système a fait l'objet de trois refontes, dont la dernière se termine ces temps-ci. Je rappelle aussi que tout le développement et l'exploitation de la banque de données sont soumis à la loi et à la Commission d'accès à l'information du Québec. Par exemple, les décisions relatives à l'accès aux données ne relèvent pas des gestionnaires du fichier eux-mêmes, mais d'instances externes, comme le Comité de déontologie de l'Université du Québec à Chicoutimi, le secrétaire général de cette université et, en définitive, la Commission d'accès elle-même.

Quant aux mesures de protection, elles revêtent diverses formes. Certaines sont de nature juridique, d'autres de nature contractuelle, d'autres de nature technique, etc. Nous ne pouvons pas entrer ici dans les détails afin de bien montrer la cohérence et l'étanchéité de notre réglementation. Je dirai seulement que le fichier est en marche depuis 1972 et que, depuis ce temps, nos travaux n'ont donné lieu à aucun dérapage, à aucune plainte dans le public. Je pense que cela est révélateur de l'efficacité des dispositions que nous avons adoptées. Cela dit, nous devons constamment modifier ou ajouter certaines dispositions et amender notre réglementation afin de l'adapter aux nouvelles conditions constamment créées par les développements dans le monde de la recherche et aussi par l'évolution de l'environnement juridique et de la sensibilité du public.

Et puis nous nous efforçons d'opérer dans la plus grande transparence possible, en diffusant constamment de l'information sur nos activités. Je vous dirai par exemple que, durant les douze dernières années, seulement en rapport avec les questions de droit et d'éthique, nous avons publié près d'une dizaine de livres et plus d'une soixantaine d'articles, sans compter environ soixante-quinze communications à des colloques scientifiques. Et nous avons aussi nous-mêmes organisé une douzaine de colloques sur cette thématique.

M. L. Comment vous assurez-vous qu'aucune société, pharmaceutique, par exemple, ne puisse fouiller dans vos registres et, comme en Islande où il y a un énorme projet en cours, vous convaincre de leur donner accès pour le bien de la science seulement?

G. B. Notre réglementation pourvoit à cela. Elle nous interdit de donner l'accès du fichier sous quelque forme que ce soit aux compagnies d'assurance — ce qui répond à votre question précédente — aux services gouvernementaux de renseignements et aux forces policières. Pour le reste, une compagnie pharmaceutique, par exemple, peut avoir accès à nos données mais pour fins de recherche seulement et en se soumettant à toutes les conditions prévues à notre réglementation. Mais, compte tenu des normes qui régissent l'exploitation du fichier, il nous serait certainement impossible d'octroyer à une compagnie pharmaceutique les avantages, à notre avis beaucoup trop généreux, qui ont été consentis par les chercheurs islandais. J'ajoute que ces normes nous interdisent toute exploitation commerciale de la banque.

Inclure tout le monde

M. L. Si BALSAC se mêle maintenant de la vie de tous les Québécois, ça veut dire que ça comprend, bien sûr, les Anglais

mais aussi les immigrants plus ou moins récents. Cela cause
sûrement des difficultés plus grandes qu'au Saguenay?

G. B. Depuis plus d'une douzaine d'années maintenant nous
travaillons à étendre le fichier BALSAC à l'ensemble de la province de Québec, au-delà donc du fichier Saguenay. L'objectif
global est d'en arriver à recouvrir l'ensemble de la population
du Québec, quel que soit le groupe ethnique considéré. On
comprendra que, compte tenu des priorités de la recherche,
en raison aussi de l'état de la documentation et des difficultés
techniques à surmonter, nous avons donné priorité à la population canadienne-française et aux régions de l'est du Québec.

Mais depuis quelques années, nous avons fait pas mal de
travail sur les régions du Centre et de l'Ouest. En ce qui
concerne les non-Canadiens français, il est certain que cette
étape va présenter de sérieux obstacles, à cause d'abord des
sources documentaires de qualité très variable. Deuxièmement, parce que l'orthographe des noms et des prénoms est
souvent très différente, comme je l'ai souligné à propos des
Autochtones du Saguenay. Nous allons devoir modifier sub-
stantiellement un certain nombre de programmes dans notre
système de jumelage automatique des données. Par exemple,
nous avons élaboré il y a plusieurs années un code phoné-
tique qui permet à l'ordinateur de se retrouver dans certains
types de variations nominatives. Mais ce code a été conçu
pour des noms et prénoms francophones. Il faudra donc
l'adapter aux noms et prénoms des autres groupes ethniques.

La difficulté la plus importante tient surtout dans le fait
qu'un grand nombre de non-Canadiens français sont des
immigrants arrivés plutôt récemment au Québec et il devient
à ce moment extrêmement difficile de reconstituer les histoires familiales et les arbres généalogiques. Il faut dire cependant que, dans la perspective des études en génétique des
populations, un tel travail n'est pas prioritaire, surtout dans le

cas d'immigrants isolés ou à peu près. La raison en est très simple : ces individus n'ont pas eu l'occasion de s'intégrer au pool génique de la population du Québec, ils n'y ont pas encore laissé de gènes qui pourraient se conjuguer avec le stock déjà présent. Tout cela pour dire que, en règle générale, un fichier de population, un fichier comme BALSAC, n'a de véritable pertinence qu'à raison de la profondeur généalogique d'une population. Mais les néo-Québécois n'en sont pas moins visés par le projet.

M. L. C'est justement l'utilisation en génétique qui a fait connaître le fichier BALSAC et qui vous a occupé pendant longtemps.

G. B. C'est l'aspect le plus inattendu, et pour moi l'un des plus extraordinaires, de toute cette expérience scientifique. Vers 1977-1978, je m'étais bien avisé que l'instrument que nous construisions pourrait avoir des applications du côté de la génétique, pour l'étude des maladies héréditaires. Après tout, le fichier peut servir à analyser tout ce qui se transmet entre générations (les professions, les modèles culturels, les gènes…) puisqu'il permet de reconstituer automatiquement les généalogies. Il devient donc possible d'étudier la transmission et la diffusion des gènes dans des familles et des sous-populations. Mais pour intéresser les milieux médicaux et les bailleurs de fonds, il fallait en faire la preuve. C'est ce que j'ai fait en travaillant d'abord sur deux ou trois maladies héréditaires.

Je me suis mis à l'étude de la génétique, je suis allé faire des stages dans des laboratoires aux États-Unis, j'ai mis sur pied un premier projet puis quelques autres. Je me suis assuré la collaboration de médecins du Saguenay, puis de médecins-généticiens de l'Université Laval, de l'Université McGill. Après vingt ans, l'affaire est devenue un très gros programme de recherche qui comprend une trentaine de projets auxquels collaborent plusieurs hôpitaux et les quatre facultés de médecine du Québec.

M. L. Est-ce que ce « flirt » avec les sciences exactes a nui à votre mariage avec les sciences sociales ?

G. B. Je poursuivais mes recherches d'historien, mais je dirais de peine et de misère. Pendant une vingtaine d'années, j'ai mené deux carrières de front. En génétique, j'ai publié des ouvrages et une trentaine d'articles. Maintenant, j'ai cessé ces travaux. J'ai pu recruter plusieurs chercheurs. Il y a suffisamment de gens compétents en place ; beaucoup plus compétents que moi. Ils n'ont plus besoin de mes services. Mais, sur les plans scientifique et humain, l'expérience a été extraordinaire. Je continue tout de même à observer les choses d'assez près, puisque je suis toujours responsable de la gestion et du développement du fichier BALSAC.

M. L. Comme historien, y avez-vous appris quelque chose ?

G. B. Beaucoup de choses, et justement, au sujet des représentations collectives, les stéréotypes. Au Saguenay, il y a une incidence élevée de certaines maladies héréditaires. Ceci avait conduit pas mal de gens à tenir la population saguenayenne pour « tarée », en quelque sorte. En plus, tout le monde au Québec considérait que l'incidence de ces maladies était due soit à une fréquence exceptionnelle de mariages consanguins, soit à la fréquence élevée de certains noms de famille. Nos travaux ont permis de démontrer que ces représentations n'avaient aucun fondement.

La proportion de mariages consanguins au Saguenay était inférieure à la moyenne québécoise, les couples où on trouve des maladies récessives ne sont pas plus souvent consanguins que les autres, les noms de famille fréquents ne sont pas plus souvent touchés, etc. Les causes sont beaucoup plus complexes. Et puis, s'il est vrai que certaines maladies rares ailleurs sont devenues fréquentes au Saguenay, il faut aussi considérer le phénomène inverse : certaines des maladies génétiques les plus fréquentes au monde sont pratiquement inexistantes au Saguenay. On peut dire la même chose de toutes les régions de l'Est du Québec.

La politique des fausses identités canadiennes-françaises

M. L. Le fichier BALSAC étant complet pour le Saguenay, quelles conclusions avez-vous pu en tirer pour ce qui est de votre objectif initial relié à l'histoire sociale ?

G. B. J'avais l'instrument qu'il fallait pour mener mes enquêtes et confronter les représentations, les stéréotypes du Canadien français ou de la paysannerie canadienne-française avec ce que j'allais observer concrètement dans la vie quotidienne des Saguenayens. Et c'est ce que j'ai rapporté en détail dans *Quelques arpents d'Amérique*. J'ai constaté une distance importante entre la plupart des représentations courantes et ce que les données empiriques montraient. Il y avait des contradictions, ce n'était pas conforme du tout.

M. L. Quelles étaient ces représentations fausses ?

G. B. Par exemple, on trouvait dans le discours traditionnel le stéréotype d'un Canadien français casanier, prisonnier de ses racines, qui vivait à l'ombre du clocher, replié sur lui-même. La réalité, c'est le contraire. Quand j'exploite le fichier de population et que je suis les itinéraires migratoires des individus, j'en vois d'abord un grand nombre qui quittent la région, pratiquement la moitié. Et puis, à l'intérieur de la région, il y a une mobilité extraordinaire. Les familles se déplacent constamment. Alors, l'habitant enraciné, sédentaire, c'est une figure minoritaire. C'est à partir de constatations de ce genre que j'ai commencé à m'interroger sur ce processus extrêmement surprenant, compliqué, qui fait que les représentations collectives introduisent toutes sortes de distorsions que la réalité quotidienne devrait normalement invalider. Et tout cela m'a mené à la conclusion qu'il faut se méfier des représentations qu'une société se donne d'elle-même, qu'il faut s'en méfier parce qu'elles sont piégées, qu'elles peuvent être truquées. J'ai donné l'exemple de la mobilité géographique ; je pourrais en donner bien d'autres (l'isolement, le tempérament grégaire, l'apathie de l'exploitant agricole, etc.).

M. L. Quel est l'intérêt de fabriquer de fausses images, de donner, selon votre expression, une représentation fausse de sa société ?

G. B. C'est un phénomène universel, je crois. Quand les élites canadiennes-françaises de la seconde moitié du XIXe siècle, ou de la première moitié du XXe siècle, affirmaient et reproduisaient ces stéréotypes du Canadien français, casanier, exceptionnellement religieux, spiritualiste, dévoué à la famille, c'était pour démontrer la spécificité de la culture canadienne-française, pour marquer sa différence par rapport aux Américains et par rapport aux Canadiens anglais. Il fallait donc que ces traits soient donnés comme distinctifs, uniques. Ainsi, nul ne pouvait douter de l'existence de cette nation et de son droit à survivre. C'est ce qui m'a conduit à explorer ce que j'ai appelé un peu agressivement les fausses différences ou les fausses identités. Mais toutes les nations en ont fabriqué, pour une raison ou une autre. Encore une fois, c'est un phénomène sociologique universel.

Je me suis aperçu qu'au fond la préoccupation principale des anciennes élites, ce n'était pas vraiment de rendre compte du réel, de refléter la réalité du Canadien français, c'était de marquer *a priori* la différence par rapport aux États-Unis et par rapport au Canada anglais. D'ailleurs, ce souci de projeter le Québécois ou le Canadien français comme étant distinct est encore bien vivant aujourd'hui, comme chacun le sait. Mais, aujourd'hui, nous travaillons sur des bases différentes.

M. L. Oui, mais est-ce qu'on parle de la même chose? Au XIXᵉ siècle on parlait de la survivance, non?

G. B. Ces préoccupations se sont inscrites dans le paradigme de la survivance parce que les Canadiens français, après 1760 et davantage après 1840, étaient en proie à une très grande inquiétude quant à leur avenir, quant à la survie de leur identité. Cette inquiétude existe encore aujourd'hui, elle s'exprime autrement. Pensez à toute la symbolique qui était investie dans les discussions récentes sur le « modèle québécois », ou un peu auparavant, sur la « société distincte ».

M. L. C'est quand même après la défaite des Patriotes que sourd avec le plus de force l'inquiétude quant à la survivance!

G. B. Après l'échec de 1837-1838 et l'Acte d'Union de 1840, les Canadiens français, avec raison, se sont sentis plus que jamais fragilisés, isolés dans l'ensemble nord-américain. Il faut partir de là pour comprendre le type de culture qui s'est constitué et qui a survécu pendant un siècle environ. Mais il faut bien comprendre que la construction d'un imaginaire collectif, c'est un exercice très particulier qui n'est pas astreint aux règles de la méthode scientifique. Ce n'est pas un travail de sociologue! Les lettrés canadiens-français obéissaient à une préoccupation sociale et culturelle très précise : il s'agissait d'abord et avant tout de marquer une distance, d'affirmer une *différence* par rapport aux nations voisines, cela dans le but de bien fonder l'existence de la nation canadienne-française et de ses droits. C'est cette préoccupation qui a conduit à l'élaboration de fausses identités. Les Canadiens anglais sont arrivés à la même chose de leur côté, en voulant trop se démarquer des Américains. Là aussi, il en a résulté une affabulation identitaire.

Je me permets d'insister un peu sur ce sujet. Par exemple, prétendre distinguer le Canadien français et l'Américain sur la base de la religion, en disant que l'un était très imprégné des valeurs spiritualistes, alors que l'autre donnait dans le matérialisme et l'irréligion, dans la décadence. Tout cela était très loin de la réalité. C'est une invention pure et simple. Les États-Unis forment une société où le facteur religieux a pris une place exceptionnelle. La religion est quasiment au cœur de la construction de cette société. Tocqueville l'avait bien noté dans les années 1830. Les premiers immigrants qui sont arrivés aux États-Unis, entre les XVIIᵉ et XIXᵉ siècles, ont reproduit en je ne sais combien d'exemplaires ces espèces de petites communautés rurales idéales, inspirées du modèle biblique, en accord avec le puritanisme. Le facteur religieux était très présent aussi chez les élites, au cœur de la communauté politique. C'est un véritable choix de société. Dieu est toujours au cœur de la réflexion et de l'action politique aux États-Unis. C'est toujours Dieu qui les guide. Il est toujours avec eux. On le voit encore aujourd'hui dans les campagnes électorales. C'est assez rare qu'on voie une nation occidentale référer aussi souvent à Dieu dans son discours public. Et puis, le puritanisme, ce n'est pas une création canadienne-française. Finalement, la représentation diffusée par les élites, c'était l'envers de la réalité. C'est assez étonnant.

M. L. Et pourtant, c'est bien le Québec d'alors qu'on a décrit comme une « *priest ridden society* » !

G. B. Cela fait partie aussi de la vision que nos voisins canadiens et américains ont élaborée des Canadiens français. C'est une autre affaire. Ils ont construit l'image de la « *priest ridden society* », mais ils auraient pu retourner ce projecteur contre eux-mêmes en déplaçant l'accent du clergé vers le religieux.

C'est que le rôle de la religion aux États-Unis était structuré différemment de ce que l'on pouvait observer au Québec. Il y avait une différence importante entre les deux sociétés, mais ce n'est pas celle qu'on a projetée. À mon avis, il faudrait faire ressortir le fait que l'univers religieux était beaucoup plus diversifié aux États-Unis qu'il ne l'était ici au Québec. Beaucoup plus décentralisé aussi, plus fractionné et donc moins puissant politiquement, sur le plan institutionnel. Tandis qu'ici nous avions une hiérarchie très soudée, très centralisée, qui jouissait donc d'un pouvoir considérable. Aux États-Unis, la religion a œuvré beaucoup plus de l'intérieur, sur le plan culturel. Elle s'est incrustée à la base de la société civile. Elle était plus personnelle aussi. Tandis qu'ici, elle a beaucoup travaillé sur les plans institutionnel et moral, d'une façon autoritaire, paternaliste.

Aux États-Unis, ce n'est pas contre la religion que l'État a voulu se prémunir, c'est contre le pouvoir institutionnel des Églises, ou contre la domination que l'une d'elles pourrait éventuellement exercer sur la société, aux dépens des prérogatives de l'État et du citoyen.

CHAPITRE V

Autour des Patriotes

M. LACOMBE . Vous nous avez raconté, Gérard Bouchard, comment on arrive, comment on s'installe, comment ça prend naissance, une collectivité ; qu'on occupe le sol et qu'il arrive toutes sortes d'événements, qu'on se les raconte et que là naissent les légendes et que c'est là qu'une culture commence à prendre forme.

G. BOUCHARD. Ce n'est qu'une partie de l'histoire. Nous avons évoqué l'appropriation de l'espace par les premiers défricheurs, les pionniers qui ont construit la première relation avec la terre. Nous avons parlé de tous les contenus symboliques qui s'élaborent dans l'esprit des immigrants et de leurs descendants au fur et à mesure qu'ils découvrent ce territoire, qu'ils vivent des expériences, qu'ils les assimilent, se les remémorent, s'en nourrissent pour communiquer entre eux, pour établir des connivences, des familiarités, des repères, pour former une identité, une représentation de soi et des autres.

C'est cela une culture finalement, c'est le fait d'établir une communication entre des individus qui au départ peuvent n'avoir rien en commun, mais qui à la fin pourront comuniquer à partir de repères, de références partagées, qui seront justement nées des expériences vécues ensemble et qu'ils auront mises en forme dans des souvenirs, dans des légendes, dans une mémoire.

M. L. Et cette culture-là, c'est celle qui mène, un jour ou l'autre, à l'identité nationale.

G. B. C'est ici qu'il y a un saut, et c'est en ce sens que ce que nous avons dit jusqu'ici, ce n'est qu'une partie de l'histoire. Quand on parle de la formation de la culture comme on vient de le faire, on se réfère à la culture qui se tisse dans les milieux populaires, sur la ligne de front, sur le mode oral.

Deux cultures canadiennes-françaises...
deux solitudes

M. L. Est-ce que ça veut dire que la culture du vrai monde, c'est la vraie culture?

G. B. Non. Il n'y a pas une culture qui serait vraie et une autre qui serait fausse. Ce serait poser un jugement de valeur arbitraire. Sur le plan strictement scientifique, il n'y a pas de bonne et de mauvaise culture. Il y a des cultures. Or, parallèlement au travail symbolique qui s'effectue dans les milieux populaires, disons, il y a une autre démarche qui s'élabore, celle de la culture savante.

M. L. Il y a donc deux cultures? La culture savante n'est pas un aboutissement de la culture populaire, c'est autre chose?

G. B. Au départ, on peut dire que c'est une démarche parallèle, parce qu'elle est faite par un milieu social différent, des acteurs différents, qui sont les membres de l'élite. Mais, surtout, elle s'élabore à partir d'un vecteur spécifique qui est l'écrit, ou tout autre procédé de formalisation, la peinture ou la sculpture, par exemple.

M. L. L'écrit par opposition à l'oral ?

G. B. Oui, si on veut, en simplifiant. Pour la période qui nous occupe, la culture populaire s'exprime de façon privilégiée par l'oral. Pas uniquement, remarquez ; elle peut s'exprimer aussi dans des objets matériels, comme les outils, le mobilier, le vêtement ou encore dans la danse. Mais elle s'exprime surtout par l'oral. Tandis que la grande propriété de la culture savante, c'est de s'exprimer par l'écrit ou, plus généralement, par des procédés qu'on appelle discursifs. Ce clivage entre l'oral et l'écrit établit tout de suite une frontière considérable entre les deux milieux, entre les deux cultures. Il établit une hiérarchie aussi, notamment parce que l'usage, la maîtrise de l'écrit est très valorisée mais ordinairement restreinte à une élite privilégiée.

M. L. À l'époque, oui, parce qu'il n'y a pas la fréquentation obligatoire de l'école.

G. B. Voilà. Mais encore aujourd'hui, il y a un clivage du même ordre. La démocratisation de l'écrit, au moyen de l'imprimé, par exemple, n'a pas supprimé le clivage entre culture savante et culture populaire, ou culture de masse. Nous savons tous que l'enseignement supérieur est moins fréquenté que ne l'est l'enseignement primaire. Donc ce clivage-là existe encore, il s'est renouvelé à toutes les époques. Pour la période dont nous parlons, c'est l'écrit lui-même, la maîtrise de l'écrit qui

marque la première ligne de clivage; et puis ensuite les contenus de l'écrit, ce qu'on va faire avec.

Il y a une culture savante qui va s'élaborer parallèlement à
l'autre selon des mécanismes et avec des objectifs assez analogues, pour établir des repères de communication entre les
membres d'un même milieu social. Elle va devoir s'alimenter
elle aussi d'expériences. Il va lui falloir des matériaux dont elle
va tirer une symbolique. Et, souvent, ces matériaux, elle va les
emprunter à la culture populaire elle-même, mais en les
retravaillant. On voit cela couramment dans la musique classique; les plus grands compositeurs comme Schubert ou Bee-
thoven ont souvent puisé leur inspiration dans des airs de
folklore, des mélodies populaires. L'Espagnol Manuel de Falla
aussi, tout comme le Brésilien Heitor Villa-Lobos et plusieurs
autres.

M. L. Vous dites « emprunter ». Mais ce sont les mêmes personnes, en tout cas des personnes qui se voient tous les jours,
qui vivent le même univers. C'est le même monde, non?

G. B. Non, pas tout à fait. Au moment où on parle de culture
savante, on suppose déjà qu'il y a une élite qui s'est formée.
On suppose que l'écrit est déjà diffusé, institutionnalisé. Il y a
des lieux qui enseignent l'écrit, qui le transmettent, et ainsi de
suite. Donc, on suppose déjà un certain développement dans
la société, une différenciation qui prend la forme de classes
sociales, d'univers sociaux et culturels très différents.

M. L. Alors ça commence à quelle époque, ici, au Canada français, la culture des élites?

G. B. La formation de l'élite, ici, vous savez, cela fait l'objet
d'une controverse considérable dans l'historiographie québécoise; je veux dire une élite au sens d'une classe sociale bien

identifiée, consciente de son statut, bien enracinée, porte-parole d'une société, ce qu'on appelle souvent une bourgeoisie. On s'est demandé dans quelle mesure il y avait une élite en Nouvelle-France au moment de la Cession de 1763. Il n'y a pas de risque à dire que, au milieu du XVIIIe siècle, il y avait en place des éléments d'une élite intellectuelle, bon, mais elle ne pouvait pas encore très bien s'exprimer, parce qu'il y avait une interdiction d'imprimer des gazettes ou des ouvrages sous le Régime français. Mais, enfin, il y avait déjà des personnes instruites qui entretenaient au moins une correspondance, qui rédigeaient des rapports. Elles ont laissé des écrits, quand même.

M. L. Donc à l'époque de la Cession, il y a les éléments d'une élite. Est-ce que c'est essentiellement le clergé ?

G. B. Surtout des membres du clergé, mais pas uniquement. Les individus qu'étudie le littéraire Bernard Andrès de l'Université du Québec à Montréal se sont signalés dans les années 1770, 1780. Ils n'étaient pas tous des membres du clergé, loin de là. Il y avait beaucoup de laïcs, des médecins, des administrateurs, des journalistes. Il est certain que, dans leur cas, on peut parler d'une élite intellectuelle canadienne, comme on disait à l'époque, d'une culture savante. C'est un sujet d'étude passionnant, d'ailleurs, et qui demeure relativement mal connu. Ces intellectuels, bien avant les Patriotes, ont voulu instituer une nation laïque, affranchie du lien colonial, démocratique. Ils ont voulu créer une université, etc. Finalement, plusieurs ont été emprisonnés par les autorités britanniques ; l'affaire a été un échec.

Un autre exemple qui illustre le processus d'emprunt de la culture savante à la culture populaire, c'est celui des premiers romanciers qui vont emprunter des épisodes, des événements tirés des légendes et des contes populaires. Sauf qu'ils vont les transformer, ils vont les formaliser à la manière de la littérature, du discours littéraire. Ils vont en faire quelque chose de différent. Mais, au départ, c'est quand même un matériau d'origine populaire.

M. L. Est-ce que *Maria Chapdelaine* serait ici un bon exemple ?

G. B. En quelque sorte, mais je dirais plutôt : *Les Anciens Canadiens*, de Philippe Aubert de Gaspé. Il y a un énorme malentendu à propos de *Maria Chapdelaine*. Louis Hémon a fait un roman de l'enracinement, de la tradition, de la mémoire. C'est assez étrange, car il s'agit après tout d'une région de colonisation qui se caractérise d'abord par l'instabilité et par l'ouverture à l'américanité, au sens continental, encore une fois. Je ne nous reconnais que très partiellement là-dedans.

Cultures de classes

M. L. Le monde de la culture savante et le monde de la culture populaire, ce sont donc deux mondes différents, même si nous vivons sur le même territoire ?

G. B. Nous sommes en présence de deux milieux, deux classes sociales différentes, de gens qui ne vivent pas du tout des mêmes métiers ou des mêmes professions, qui n'ont pas les mêmes fréquentations, qui ne connaissent pas le même genre de vie, ni le même niveau de vie. Les membres des élites ont de meilleurs revenus, ils sont mieux logés, ils mangent mieux, ils s'habillent différemment, parlent différemment. C'est un milieu social et culturel à part. La différence est évidente dans la production culturelle. Si on se situe à la fin du XIXe siècle, par exemple, on voit bien qu'un roman est extrêmement différent d'un conte raconté par un vieux paysan. Il y aurait mille exemples qu'on pourrait évoquer. Le paysan, chaque fois, va raconter le conte d'une manière différente. Il va faire valoir les propriétés du procédé oral, inclure des effets de théâtre, créer des émotions, il va s'ajuster à son public, réagir en fonction de l'effet qu'il produit. Tandis que l'écrit est plus froid, moins flexible. Son langage aussi est moins libre, il est assujetti à une grammaire, il fixe le discours, etc.

Et puis les aires de circulation de l'écrit ne sont pas les mêmes que celles de la culture orale. Ce ne sont pas les mêmes milieux sociaux qui consomment l'oral et l'écrit. C'est très important. Il faut bien maîtriser l'écrit pour accéder à ces ouvrages de la culture savante. Et pendant très longtemps, cette maîtrise a été une rareté au Québec comme ailleurs.

M. L. Est-ce que les circuits parallèles, savant et populaire, tendent à s'éloigner ou à se rapprocher?

G. B. C'est la première question qu'il faut se poser comme historien ou comme sociologue. Une fois bien établi que ce sont des démarches différentes, campées dans des milieux sociaux spécifiques, nous nous demandons dans quelle mesure il subsiste quand même des interactions, des ponts entre ces deux milieux, une fois qu'ils ont pris forme? Ou quelle est la distance entre ces deux milieux? Les réponses varient d'une société ou d'une époque à l'autre. Moi, ce que je crois, c'est qu'ici au Québec, ou dans le Québec francophone, et c'est même une sorte de particularité que nous avons, je crois que la culture savante et la culture populaire se sont établies à distance, à grande distance l'une de l'autre, et que ces deux univers ont entretenu des rapports difficiles depuis le milieu du XIXe siècle.

M. L. Jusqu'à quel point? Est-ce que vous iriez jusqu'à dire qu'on a raconté deux histoires différentes?

G. B. C'est difficile de répondre à cette question. Par définition, parce qu'elle s'exprime surtout dans l'oralité, la culture
populaire laisse peu de traces de ses représentations, notamment la façon dont elle se raconte le passé. Pour le reste, sa
façon de raconter des histoires, c'est de s'en remettre surtout
aux légendes et aux contes; ou alors de raconter des anecdotes
d'une manière très informelle à la veillée. Mais dans ce cas, ce
n'est pas un discours mémoriel très construit.

M. L. Oui, mais est-ce qu'il y a au moins complicité entre les
deux?

G. B. C'est le cœur de l'affaire. Jusqu'à quel point ces deux
démarches étaient-elles cloisonnées l'une par rapport à
l'autre? Ce que je pense — mais c'est une hypothèse de
recherche, il reste à la démontrer —, c'est qu'il a existé au
Canada français une grande distance entre la culture populaire et la culture savante, et même une sorte de fermeture
entre ces deux cultures, en particulier du milieu du XIXᵉ siècle
jusqu'au milieu du XXᵉ. Je pense aussi qu'il y a eu des tensions,
et même des distorsions entre ces deux univers culturels, plus
que ce qu'on observe dans d'autres collectivités neuves, aux
États-Unis et en Australie, par exemple.

Les élites canadiennes-françaises, situons-nous au milieu
du XIXᵉ siècle, se trouvaient dans une situation assez particulière. Il faut rappeler que c'étaient des élites coloniales. Je veux
dire par là qu'elles ne maîtrisaient ni l'État, ni l'économie,
elles ne maîtrisaient pas l'armée évidemment, elles ne dispo-
saient pas des instruments dont les élites disposent en général
dans une société libre.

M. L. Comme le faisait le clergé?

G. B. Le clergé non plus, mais, lui, il s'était aménagé une relation particulière avec l'État impérial, ce qui lui valait un statut

privilégié. Pour le reste, il appartenait lui aussi à une société coloniale. Les élites canadiennes-françaises se trouvaient dans une position très précaire. En particulier, elles éprouvaient vivement le sentiment de la fragilité de la culture nationale, très minoritaire sur le continent. Et pour elles, la façon d'en assurer la perpétuité, c'était de l'appuyer sur la culture française, sur la culture européenne. Cette référence, étroitement entretenue, c'était la garantie de la vitalité et de la survie de la culture canadienne-française. Et il est bien vrai que cette culture était en péril, notamment sur le plan strictement démographique.

M. L. Elle était minoritaire en Amérique, mais encore majoritaire au Canada.

G. B. Minoritaire sur le continent nord-américain et, très tôt, minoritaire au sein du Canada également. Si on considère l'ensemble du territoire actuel du Canada, on peut dire que les Anglophones y ont été majoritaires dès le début du XIXe siècle. Mais c'est en tenant compte de toutes les populations régionales, qui ne faisaient pas partie du Haut ou du Bas-Canada à cette époque et qui étaient appelées à se joindre à la Confédération en 1867 ou dans les années qui ont suivi. Cela comprend donc le peuplement qui avait déjà commencé depuis longtemps dans les Maritimes, par exemple. En 1824, on comptait 925 000 habitants dans l'ensemble du territoire canadien ou de ce qui allait devenir éventuellement le Canada, et, sur ce nombre, il y avait environ 400 000 Canadiens français, en incluant les Acadiens.

En plus, cette culture était mise en péril par la situation politique. Le Québec, au sein du Canada-Uni, après 1840, était encore une colonie de la Grande-Bretagne et, en 1867, la Confédération a consacré sur le plan politique le statut minoritaire du Québec en en faisant une province parmi d'autres.

Pour les élites, l'avenir de la culture francophone en Amérique devait s'appuyer sur la grande tradition française. Elle devait s'en nourrir, d'où le thème de la fidélité aux racines. Voilà un grand paramètre de la construction de l'univers culturel des élites : s'alimenter au modèle français et le reproduire en Amérique. Et elles se sont beaucoup appliquées à réaliser cet objectif.

Or, parallèlement, la culture populaire se construisait selon des voies plus empiriques, à même les expériences quotidiennes qu'elle vivait sur le continent, à même la dérive des mots, des sens, des images surgies de l'américanité. D'où, à la longue, le clivage entre, d'un côté une culture nourrie de sa référence française et européenne et, de l'autre, une culture immergée dans la vie du Nouveau Monde.

Après les Patriotes… la survivance

M. L. Ce que vous nous décrivez, c'est l'opposition des deux cultures, populaire et savante, à partir de 1840. C'est une situation engendrée par la défaite des Patriotes qui étaient, eux, beaucoup plus proches de la pensée américaine. Le choix des élites dont on parle ici, c'est donc un choc en retour, une réaction ?

G. B. Le Québec, suivant l'exemple des États-Unis, s'était très tôt inscrit dans une dynamique de rupture dès les premières décennies du XIXe siècle. Rupture culturelle, parce que l'identité canadienne, ou canadienne-française si vous préférez, a émergé assez vite. Dès le XVIIIe siècle, on perçoit des signes très clairs d'un sentiment identitaire. Beaucoup d'habitants de la Nouvelle-France se perçoivent comme des Canadiens, donc distincts des Français. Mais rupture sur le plan politique aussi. Une esquisse d'idée nationale prend forme dans la deuxième moitié du XVIIIe siècle, chez les intellectuels que nous venons d'évoquer.

Et puis, à la même époque, une génération se forme, qui fréquente les premiers séminaires et va donner, à partir du début du XIXe siècle, le Parti canadien, puis le Parti patriote. Tout cela va mener aux Insurrections de 1837-1838. C'est une génération qui était porteuse d'un projet de rupture politique intégrale, en bonne et due forme. C'est un peu la trame états-unienne qu'on voulait reproduire ici.

M. L. C'étaient les souverainistes de l'époque?

G. B. Ce n'est pas ainsi qu'on les appelait, mais c'est l'équivalent, compte tenu du contexte. Les Patriotes voulaient l'indépendance du Bas-Canada, l'indépendance politique par rapport à la Grande-Bretagne. C'est important de rappeler ces choses-là, parce qu'au XVIIe siècle et jusqu'au dernier tiers du XVIIIe, on s'était inscrits dans une tradition de continuité par rapport à la France, par rapport à la mère patrie. Mais la dynamique de rupture qui a suivi a été un échec, consommé dans la répression des insurrections de 1837-1838. Et c'est cela qui a suscité un revirement radical après 1840. On est revenu à une dynamique de continuité. Une continuité culturelle, par rapport à la France, et politique, par rapport à la Grande-Bretagne et au Canada. Un choc en retour, comme vous dites.

M. L. Après l'affaire des Patriotes, après la faillite en fait, parce que c'est une faillite assez monumentale...

G. B. Disons un échec aux mains de forces militaires bien supérieures. Et le sentiment de l'échec va se traduire chez plusieurs par une grande morosité après 1840. Chez la plus grande partie des élites canadiennes-françaises, le sentiment s'est peu à peu installé que, finalement, l'idéal républicain, ce n'était pas pour elles, c'était hors de leur portée. La majorité a donc renoncé au projet de rupture politique. Dans une large mesure, pour plusieurs, l'espoir s'est reporté sur l'avenir culturel de la nation. Mais de quelle culture s'agissait-il, sinon la culture française? La mission nouvelle du Canada français serait donc de perpétuer et de promouvoir la culture française, nos racines françaises, de rester fidèles à notre passé, à nos origines. Avant 1840, ce n'est pas du tout le discours que tenaient les Patriotes, qui n'avaient rien de nostalgique et se montraient même plutôt sévères à l'endroit de la France, eu égard à l'administration coloniale que cette dernière avait exercée avant 1760.

Le discours patriote s'alimentait auprès de certains penseurs français, mais tout autant, sinon davantage auprès de penseurs américains. Les Patriotes s'intéressaient aussi à l'actualité latino-américaine, comme l'a montré Yvan Lamonde. Et quand ils faisaient référence à la France, ce n'était pas la France catholique et traditionnelle, c'était la France séculière, la France post-révolutionnaire; cela aussi, c'était très différent de la survivance. Il y avait donc des éléments de rupture, même par rapport à la culture française, dans le discours des Patriotes. La référence principale à la France après 1840 va prendre une tout autre orientation.

Cette volte-face, de la rupture à la continuité, je crois qu'elle est unique dans l'histoire des collectivités neuves. La nouvelle orientation a duré pendant un siècle à peu près. On a reproduit les modèles français dans tous les domaines de la culture, que ce soit les sciences sociales, les sciences naturelles, la peinture, la littérature, les idéologies. On a largement importé de la France, par exemple, la querelle entre les libéraux et les ultramontains. On aurait pu poser, formuler autrement nos désaccords. Mais on a emprunté exactement les mêmes termes, les mêmes attaques, les mêmes parades, les mêmes anathèmes. On a tout transposé ici. Le fond de la querelle, c'était de savoir à quelle culture française il fallait se référer : la vieille France, fille aînée de l'Église ? ou la France laïque et républicaine de la Révolution de 1789 ? Il faudrait faire beaucoup de nuances, mais en définitive on pourrait dire que c'est la première qui l'a emporté.

M. L. Ce n'est pas la France des contemporains ?

G. B. C'était la France des élites cléricales, conservatrices, ce n'était pas la France de la modernité, ce n'était pas la France des Lumières du XVIIIe siècle, de Jean-Jacques Rousseau, de Voltaire et de Diderot. Toute cette France-là était mise à l'index par le clergé.

Bien sûr, des libéraux étaient attachés à la France républicaine et voulaient s'en inspirer ici au Québec, mais ils sont restés longtemps minoritaires. Ce qui a prédominé, ce sont les modèles de la vieille France conservatrice, dont les Canadiens français étaient invités à reproduire le modèle en Amérique. C'était cela le défi ou l'idéal qu'une grande partie des élites avaient décidé de proposer à la population. Il y a eu des dissidents, encore une fois, et de plus en plus, mais en gros, c'est cette idée qui a prévalu pendant près d'un siècle, en perdant du terrain peu à peu, surtout après 1915. C'est cette idée, par exemple, qui a imprégné tout le système scolaire et une bonne partie de l'imprimé.

Une vieille culture française et romaine

M. L. Le mouvement patriote étant réprimé, on est passé sous le régime de l'Acte d'Union et la société canadienne-française a décidé de se tourner vers la culture de la vieille France. Comment a-t-on justifié ce choix?

G. B. Plusieurs se sont dit : puisque l'avenir du Canada français ne peut pas passer par la politique, c'est-à-dire par un État souverain, on va assurer la survie de la nation par la culture, sur le terrain de la culture. Remarquez qu'on aurait pu le construire de bien d'autres façons, cet avenir, mais, dans le contexte de l'époque, cela s'est traduit par la référence à la vieille tradition française, alors qu'on aurait pu inscrire carrément cette francophonie dans le modèle nord-américain, édifier une véritable culture du Nouveau Monde. On ne l'a pas fait.

M. L. Ce choix qui a été fait, c'est ce qu'on décrit maintenant comme une attitude de colonisé?

G. B. On peut le qualifier de diverses façons. Objectivement, je crois qu'on peut parler d'une dépendance, c'est sûr. Mais ce n'est qu'une dimension. Il y avait aussi l'idée d'une grande francophonie qui sous-tendait le combat pour la survivance du Canada français. Le projet était renforcé par la dimension religieuse, par le catholicisme romain; cela ajoutait une influence européenne, une autre dépendance, si on veut, qui se conjuguait à la première. L'âme française et la foi catholique, c'était le tandem qui supportait la nationalité canadienne-française.

M. L. Mais l'alliance que la culture française et la religion catholique forment, ça n'existe plus au XIXe siècle. Ce n'est plus la réalité en France.

G. B. Non. En France, on était dans la laïcité, dans la séparation de l'Église et de l'État.

M. L. Nos élites nous attachent donc à une France qui n'existe plus?

G. B. Nos élites conservatrices, oui. Elles vous attachent à la France classique des XVIIᵉ et XVIIIᵉ siècles, celle de la royauté, de la droite, celle qui avait été défaite par le courant des Lumières et par la Révolution.

M. L. Par rapport aux États-Unis et à leur Révolution ou par rapport au Mexique où on observe un tout autre modèle, une indianité, où on s'invente une parenté avec l'Autochtone, nous avons suivi un modèle de soumission coloniale. Quand on parle de culture colonisée ici, ce n'est pas un concept qui date des années 1960. C'est une réalité profonde, historique!

G. B. Sans doute, mais il faut faire attention au contexte. Je suis d'accord avec vous, à la condition de dépouiller le mot « colonisé » de la connotation trop péjorative qu'il a empruntée. Parce que, au milieu du XIXᵉ siècle, quand les élites conservatrices du Canada français se vouent à la tradition française et essaient de s'en nourrir pour assurer la survivance du français en Amérique, je ne suis pas sûr que l'on puisse parler de colonialisme? C'est une dépendance, certainement, de façon objective. C'est s'installer dans un rapport de subalterne, périphérique. Mais est-ce que c'est une attitude de colonisé au sens d'une aliénation, d'un renoncement coupable? Ce n'est pas une affirmation d'autonomie et d'affranchissement, nous sommes bien d'accord. Je préfère parler de dépendance. D'une dépendance volontaire, si vous voulez, mais que les circonstances du temps aident à comprendre. Même si, encore une fois, ce n'était pas la seule voie qui s'offrait. Il faut replacer les choses dans le contexte déprimant et dépressif de l'après-1840.

CHAPITRE VI

1840-1940 : la culture
des racines

M. LACOMBE. Est-ce qu'il n'y a pas, dans le refus de la culture populaire par les élites, une forme de trahison ?

G. BOUCHARD. Si vous le voulez ; je pense en effet que le peuple a été un peu sacrifié. Mais le contraire est vrai aussi. En ce sens que, justement, alors que les élites cultivaient leurs références européennes, les classes populaires, elles, construisaient leur univers culturel dans une autre direction. C'est dans ce sens-là, en rapport avec cette antinomie, que je parle d'une distance, de rapports difficiles entre les élites et les classes populaires, celles des villes aussi bien que celles des campagnes, qui se laissaient immerger dans l'américanité.

Pour les classes populaires, l'américanité c'était la mise en place de références culturelles à partir de l'expérience directe vécue sur le continent : l'expérience du travail notamment, mais aussi l'expérience du loisir, l'expérience familiale, celle de la quotidienneté. Les classes populaires ont établi un rapport culturel direct avec leur territoire, en évitant le détour par une culture savante qui leur était un peu étrangère. Cela aussi était perçu comme une trahison par les élites. Une transgression de l'idéal français, européen, par les classes populaires.

La trahison du peuple ?

M. L. C'est pour ça que je vous parle de trahison de la part des élites. La fonction des élites, est-ce que c'est de comprendre ce que le peuple vit ou si c'est de lui imposer une culture de l'extérieur, parce qu'on pense qu'il ne faudrait surtout pas qu'il continue à vivre comme il vit en réalité? L'abbé Henri-Raymond Casgrain, dans la seconde moitié du XIXe siècle, disait qu'il ne faut pas décrire les Canadiens tels qu'ils sont mais tels qu'ils devraient être[1]. C'est horrible, non? C'est ça une trahison?

G. B. Ce qu'il y a d'original dans ce qui s'est passé ici, ce n'est pas que les élites auraient trahi le peuple. Entre nous, ce serait un peu vrai dans toutes les sociétés. Ce genre d'énoncé ne nous avance pas beaucoup. Ce qui est plus particulier, je crois, au Québec, c'est l'autre face du phénomène, celle que j'évoquais à l'instant. Les élites ont eu le sentiment qu'elles étaient trahies par le peuple. Et cela me paraît quelque chose d'original, de très important à étudier. C'est une hypothèse de recherche qui pourrait s'avérer très fructueuse.

---

1. Henri-Raymond Casgrain, *Œuvres complètes*, Darveau, Québec, 1873, tome I, p. 368.

Les classes populaires, elles, vivaient dans un contact direct, quotidien, avec l'américanité. Elles construisaient, à partir de cette expérience, leur imaginaire collectif, leurs légendes, leurs symboles, leurs repères. Elles transformaient la langue, elles changeaient les mots, en inventaient d'autres, elles les pliaient à l'usage qui s'accordait avec leurs besoins. Les classes populaires ne se sentaient pas assujetties à une norme extérieure en matière de langue. C'était une culture qui s'alimentait d'elle-même, d'une certaine manière, avec une sorte de spontanéité dans son évolution, dans sa reproduction, dans ses processus d'invention.

Cela inquiétait les élites, cette évolution parallèle d'une culture robuste qui se constituait à distance d'elles, et en même temps très proche. Elles s'inquiétaient de voir l'évolution de la langue, tenaient la différenciation qui se marquait pour une dégénération, un appauvrissement culturel et, finalement, un affaiblissement de la nation. Ce qu'on aurait pu saluer comme un enrichissement, en le prenant même à témoin à des fins identitaires, comme on l'a fait en Australie, par exemple, ou en Amérique latine, ici on le dénonçait comme un appauvrissement. Et cette *mauvaise* culture, les élites ont essayé de toutes les façons de la corriger, de la combattre. On en a fait quelque chose de laid et de honteux. On pense ici à toutes les formes qu'a prises la lutte contre le mauvais français, contre la langue populaire, et contre les loisirs, contre certaines coutumes, etc.

M. L. Et ça a duré très tard, jusque dans les années 1950, 1960.

G. B. Pour ce qui est des campagnes en faveur du bon français, je me rappelle que, dans les années 1950, on voyait encore d'immenses affiches placardées sur les murs des écoles à Jonquière : « Parlons français », « Gardons notre âme française », « Respectons la langue française », etc.

M. L. Mais c'était déjà perçu, selon mon souvenir de jeunesse, comme passéiste. On avait bien hâte de passer à autre chose.

G. B. Dans les années 1950, de toute façon, les jeunes des milieux populaires n'étaient pas très sensibles à ces appels-là. Mais l'inquiétude que les élites éprouvaient à l'endroit de cette langue qui se détériorait à leurs yeux et qu'elles condamnaient, trahissait une volonté de corriger la langue et la culture populaires. Durant les années 1960, on dénonçait parfois la langue du peuple avec mépris, comme une maladie honteuse, alors qu'après tout, pour les gens de condition modeste, c'était tout simplement la langue qu'ils avaient apprise des aînés, dans la famille et la parenté, comme tout le monde. D'ailleurs, la lutte contre le mauvais français a survécu jusqu'à aujourd'hui. C'est une constante de notre histoire et c'est une autre caractéristique originale de notre culture : la honte de sa langue. C'est un sentiment qui ne facilite pas l'expression et la créativité collective, c'est certain. On ne retrouve cela dans aucune autre collectivité neuve aujourd'hui, sauf peut-être en Nouvelle-Zélande.

Cela dit, il y a une distinction importante à faire ici. Lorsque cette lutte est dirigée non pas contre la langue populaire mais contre celle qui est pratiquée dans la culture savante elle-même, là, c'est une tout autre chose. Je suis mieux disposé envers ce dernier combat qu'envers l'autre.

Mais pour revenir à notre propos, la volonté de correction touchait tous les domaines de la culture ; c'était une volonté de corriger l'ensemble de la culture populaire. Par exemple, le clergé interdisait les danses, la consommation d'alcool, il condamnait les jurons, il condamnait les loisirs populaires comme le cinéma, le cirque, les courses de chevaux, il condamnait la mi-carême, le mardi gras, etc.

L'idée centrale, c'est donc que la culture savante se constituait en pédagogue et plus encore, en redresseur, en censeur autoritaire de la culture populaire, pour la rendre semblable à elle-même au fond, pour y étendre les mêmes normes, les mêmes modèles. Mais c'est évident que les gens du peuple se sont montrés réfractaires. Les campagnes du bon parler français, ça leur passait cent pieds par dessus la tête. Et lorsqu'au XIXᵉ siècle le clergé s'inquiétait de l'émigration qui sévissait vers les États-Unis, lorsqu'il faisait de ce pays la terre de tous les vices : une société corrompue, matérialiste, une terre de perdition…, pire que ça, une terre protestante! eh bien, le peuple demeurait insensible à ses arguments, il continuait à alimenter le courant d'émigration vers les États-Unis : près d'un million de départs au Québec entre 1830 et 1930.

M. L. Inquiétude des élites et indifférence du peuple…

G. B. C'est à peu près cela. En résumé, il y a eu dans l'histoire du Québec une différenciation entre la culture savante et la culture populaire. Cela n'a rien d'original, on voit cela partout. Mais ici, le phénomène a été vécu comme une sorte de trahison dans l'esprit des élites. La classe populaire manquait à la mission de la culture nationale française en Amérique, au devoir de survivance. Et je crois que c'est là une clé pour analyser, pour comprendre, un certain nombre de caractéristiques de la culture québécoise.

Une autre donnée importante, nous l'avons déjà évoquée brièvement, c'est que la majorité des membres des élites se sont voués à une imitation de cette partie de la culture française qui était mourante; pas la culture vivante, celle de la modernité, de l'innovation, mais celle qui déclinait, se pétrifiait. Je pense qu'il en a résulté une stérilisation de la culture savante et de l'ensemble de la culture nationale. Cela a appauvri la culture savante et l'a privée d'une dimension originale, qui lui aurait donné le souci de créer à partir de ses propres expériences, qui aurait pu fabriquer quelque chose de neuf, de typiquement québécois, dans lequel tout le monde se serait exprimé à son aise...

M. L. ... et qui aurait raconté les expériences et les perceptions d'ici.

G. B. Les littéraires se le faisaient d'ailleurs reprocher par les Français eux-mêmes. Par exemple, quand les premiers romanciers ou poètes canadiens-français décrivaient les Amérindiens, ils en parlaient non pas à partir de l'expérience directe qu'ils en avaient, mais en imitant les descriptions qu'en avaient faites les auteurs français, surtout Chateaubriand.

Ensuite, quand nos romanciers voulaient être lus en France, ils étaient un peu déçus! Mettez-vous à la place des lecteurs français, friands du Nouveau Monde, qui se jetaient là-dessus pour avoir des récits tout frais d'une *sauvagerie* qui les intriguait. Et nous, ce qu'on leur donnait, c'était une reproduction défraîchie, une imitation stérile et maladroite de leur propre vision, de leur propre fiction de l'Amérindien.

Comment le public français aurait-il pu alors trouver un intérêt dans cette littérature ? Le sentiment des lecteurs français a été parfaitement exprimé par le romancier Xavier Marmier à la fin du XIXe siècle. Il a écrit à peu près ceci, en s'adressant aux littéraires canadiens-français : Pourquoi est-ce que vous ne reproduisez pas la fraîcheur de vos impressions devant l'Amérindien ou devant vos paysages, ce que vous vivez, et comme vous le percevez vous-mêmes ? C'est cela qu'on voudrait lire. Nos propres perceptions, on les connaît, on les a déjà exprimées.

M. L. Soyez aussi francs que Champlain dans ses écrits, aussi naïfs, en quelque sorte !

G. B. Disons aussi authentiques. Mais tout cela veut dire au fond que les élites de la culture savante n'ont pas su nommer le pays, comme savait le faire à sa façon la culture populaire.

Le long chemin vers la réconciliation

M. L. C'est là que je parle de trahison, de l'intellectuel qui refuse son rôle et s'enfuit dans un rôle d'emprunt. Je me dis que les problèmes d'identité que nous connaissons depuis toujours ont sans doute leur cause principale précisément là, dans ce refus des élites de s'identifier au territoire, de rendre compte de la vie réelle, dans cette façon d'emprunter au lieu de prendre ?

G. B. Je ne pense pas que les élites — nous nous référons toujours à la période 1850-1940 ou 1950, c'est important de le préciser — aient trahi en agissant de la sorte. Le mot est trop fort. Je ne pense pas qu'elles se soient désistées ou qu'elles aient fui quelque chose. Je pense qu'elles ont recherché un moyen d'assurer la pérennité et la reproduction de la culture canadienne-française ici en Amérique, suivant évidemment la conception qu'elles s'en faisaient et conformément au rôle social qu'elles s'assignaient. Elles ont fait un choix, fixé une orientation. Il faut poser un regard sociologique sur cette réalité.

Si elles avaient agi autrement, qu'est-ce que cela aurait donné, dans le contexte où on vivait à cette époque-là ? Cela aurait donné autre chose, bien sûr, cela aurait engendré une autre culture. Mais les élites auraient eu quand même une responsabilité, la même. Elles auraient eu à prendre des initiatives pour l'ensemble de la société : instituer des normes, des modèles, essayer de les inculquer aux classes populaires, sans être davantage autorisées. Les élites culturelles ne détiennent jamais de mandat en vertu d'un référendum ou d'une élection. Des intellectuels, ça se donne des mandats. D'autres intellectuels peuvent les critiquer, proposer d'autres orientations, se donner d'autres mandats. On voit ensuite ce qu'il advient de tout cela.

M. L. Faisons image alors. Toute la littérature épique sud-américaine, qui ne parle que du pays et des réalités quasi charnelles. On a l'impression, quand on lit ces romans-là, d'entrer dans le pays, dans la rue, dans la maison…

G. B. … Gabriel García Márquez…

M. L. … et dans la vie du personnage, et dans le cœur de l'enfant du personnage, et jusque dans l'âme hypothétique du chien.

G. B. C'est juste. Si vous prenez la littérature brésilienne, la littérature haïtienne et toute la littérature latino-américaine en général. Elle s'est largement nourrie de la culture populaire, des superstitions (pensons au « réalisme magique », etc.).

M. L. Ce que l'on n'a pas fait ici.

G. B. On l'a fait, mais plus tard. L'émergence d'une littérature proprement québécoise au sens que nous sommes en train de dire, c'est-à-dire son émancipation par rapport au modèle français et son immersion dans la réalité d'ici, dans ce qu'on a appelé l'américanité, elle est survenue au Québec principalement après les années 1940 et surtout après les années 1960. On pense alors à Michel Tremblay, à Réjean Ducharme, à Jacques Ferron, à Jacques Godbout, à Victor-Lévy Beaulieu et à tous les autres. Il est remarquable que plusieurs de ces romanciers aient mis en valeur la langue du peuple. Ils l'ont institutionnalisée et, au fond, ils l'ont déculpabilisée. Devenue québécoise, la culture savante rapatriait ses allégeances, se réconciliait avec le Nouveau Monde.

M. L. Tout ce qui se passe avant, c'est, je ne dirais pas de l'emprunt, mais c'est sous le mode de l'emprunt à la vieille culture française et catholique.

G. B. Le procédé dominant parmi nos élites avant 1940 — il y a des exceptions —, c'était l'imitation, la reproduction des modèles français, assortie de certaines formes locales, *canadiennes*, comme dans la première littérature nationale de la seconde moitié du XIXᵉ siècle, ou dans la littérature canadienne du courant régionaliste, à la manière de Camille Roy.

M. L. Mais pour la réconciliation avec soi-même, est-ce qu'il faut attendre les écrivains des années 1960 ?

G. B. Il y a quand même eu une évolution, des étapes préparatoires. Dans le domaine de la peinture par exemple, au cours des années 1920, on voit déjà chez Adrien Hébert apparaître des thèmes plus authentiques, qui reproduisent plus directement, plus littéralement la vie quotidienne, les émotions, les façons de percevoir des habitants d'ici, autrement dit : le *vécu* — si vous me permettez une expression dont je n'abuserai pas, je vous le garantis. En plus, il peignait non pas des paysages de Charlevoix ou de la campagne enchanteresse, mais des scènes de rue, des scènes de tramway, des scènes de la vie du port de Montréal, dans lesquelles les gens pouvaient se reconnaître directement, sans avoir besoin de faire de détours, sans traduction.

M. L. La littérature qui marque la réconciliation des cultures savante et populaire a-t-elle eu aussi ses échappées précoces?

G. B. En littérature, la première note discordante par rapport à l'ancien modèle, on la voit apparaître, pour ce qui est du monde rural, dans quelques romans comme *Nord-Sud*, de Léo-Paul Desrosiers (1931), ou dans *Trente arpents* de Ringuet (1938), dans lequel le héros est un cultivateur désenchanté; c'est l'histoire d'un échec, dans le cadre paysan. C'est un roman du terroir, mais qui n'est pas à l'eau de rose. Il y a un réalisme qui s'affirme. Remarquez que, avant Desrosiers et Ringuet, il y avait eu *Marie Calumet* en 1904, de Rodolphe Girard, *La Scouine* en 1918 d'Albert Laberge, et deux ou trois autres œuvres. Mais ces essais étaient restés sans suite à cause de la réprobation massive qu'ils avaient suscitée. En général, l'apparition du réalisme dans l'art et la littérature des collectivités neuves est le premier signe de l'affranchissement, du décrochage métropolitain; c'est le premier signe de, je vais reprendre votre expression, de réconciliation avec soi-même, avec sa propre réalité. C'est le premier acte par lequel on va essayer de se saisir directement, sans faire le détour par une autre référence qu'on croit indispensable pour bien se dire.

M. L. On va commencer à penser que notre existence peut se justifier par elle-même.

G. B. Ou, en tout cas, la conscience qu'on en a, les représentations qu'on s'en fait. Et si on continue dans le roman au Québec, l'étape suivante, c'est Gabrielle Roy, avec *Bonheur d'occasion*, où on va voir pour la première fois la petite vie montréalaise dans les quartiers ouvriers. Cela n'a rien de glorieux, cela n'a rien de fantastique. C'est la nation dans ses œuvres au quotidien, sans écran. Même chose avec *Au pied de la Pente douce* de Roger Lemelin. Tout cela se retrouve dans les années 1940.

M. L. On parle de l'introduction du réalisme, et vous voyez le réalisme comme une étape qui confirme la constitution d'une culture savante originale, authentique, dans une société neuve.

G. B. Oui, c'est cela, d'une culture savante autonome qui ressemble à ce qu'on pourrait appeler une culture nationale québécoise, qui s'affranchit de plus en plus de sa dépendance européenne et française, de sa tradition d'imitation. J'ai donné en exemple *Nord-Sud* et *Trente Arpents*, j'ai donné l'exemple de la peinture avec Hébert, et d'autres œuvres qui reconstituaient la vie quotidienne dans l'univers domestique. C'était tout à fait neuf. De là leur succès extraordinaire. C'était la première fois qu'on voyait cette fraîcheur-là, que la culture savante proposait aux classes populaires une image à peu près fidèle d'elles-mêmes : en violation radicale de la fameuse consigne énoncée au siècle précédent par l'abbé H.-R. Casgrain : décrire le peuple non pas tel qu'il est mais tel qu'on voudrait qu'il soit.

Un siècle d'appauvrissement culturel

M. L. Vous me disiez plus tôt que la trahison, c'est l'élite qui l'a ressentie. L'élite a senti que le peuple l'avait trahie. Et là, vous êtes en train de me dire que, dans la réalité, c'est l'élite qui a lâché. Vous dites cela parce que c'est le rôle de l'élite, j'imagine, de voir, de se rendre compte de ce qui se passe dans son pays. Ça se faisait ailleurs mais pas ici. Pourquoi ?

G. B. À mon avis, les lettrés, les élites socioculturelles se rendaient bien compte de ce qui se passait dans les campagnes et dans le milieu ouvrier, mais ce qu'elles voyaient les inquiétait.

Elles étaient mal à l'aise, en désaccord avec cette culture populaire, américanisée (au sens le plus large), qui s'élaborait sous leurs yeux. C'est une culture qui les inquiétait, qu'elles ne comprenaient pas, qu'elles jugeaient sévèrement parce qu'elle ne reproduisait pas le modèle français, parce qu'elle s'éloignait de la tradition des racines. Cela dit, je retiendrais de votre idée le fait que, d'après moi, les rapports difficiles qui se sont établis entre la culture savante et la culture populaire ont eu un double effet d'appauvrissement et d'inhibition pour la première comme pour la seconde. Pour ce qui est de la culture savante, il semble que cela devienne de plus en plus clair, même s'il y a quelques exceptions, qu'elle s'est stérilisée en se vouant à une imitation trop servile d'une France qui n'était même pas la France vivante. C'est en grande partie cette culture qu'on a diffusée dans les collèges classiques, dans la société. C'est celle-là qui a imprégné nos romans, nos œuvres d'art. Et c'est ce qui fait qu'il n'y a pas vraiment eu de très grands romanciers avant les années 1940 chez les Canadiens français.

Il est intéressant de rappeler que pour Georges-André Vachon, professeur de lettres de l'Université de Montréal, les œuvres écrites avant 1850 ou 1840 faisaient preuve de plus d'imagination, d'originalité, de créativité, que les ouvrages écrits durant le siècle qui a suivi[1]. C'est un témoignage qui confirme ce que je suis en train de vous dire, que la mise en forme de la dépendance a stérilisé la pensée créatrice en la vouant à des imitations trop serviles. Après la Seconde Guerre, les lettrés ont commencé à rectifier le tir.

---

1. Georges-André Vachon, *Une tradition à inventer*, Boréal, Montréal, 1997.

M. L. Si je poursuis votre raisonnement, cette stérilisation de la culture savante conjuguée à la volonté de contrôle des élites sur la société a eu aussi des effets néfastes sur la culture populaire?

G. B. Je crois que cela a eu le même genre d'effet sur la culture populaire, un effet répressif, inhibitif. Et ici comme ailleurs, l'histoire comparée est éclairante. Ce qui m'a beaucoup frappé dans ce que j'ai pu apprendre de la littérature et de la culture populaire latino-américaine et australienne, mais états-unienne aussi, c'est le légendaire, la mythologie du pionnier. Par exemple, aux États-Unis, le légendaire du cowboy, de l'homme de la frontière, toute cette mythologie de l'Ouest met en valeur non pas les élites mais les acteurs les plus modestes. Il y a eu une célébration de ces personnages, dont la culture américaine s'est nourrie et se nourrit encore. Toute la thématique de l'individualisme, de la découverte, de l'affirmation, de l'optimisme aussi, c'est entré dans leur folklore, mais pas un folklore fossilisé. C'est au cœur d'une culture première, vivante. On trouve quelque chose de semblable en Australie et en Amérique latine : une mythologie du matériau populaire qui a envahi la culture savante au lieu d'en être bannie ou d'être émasculée.

M. L. Vous savez bien que cette comparaison avec la culture américaine ne va pas faire plaisir à plusieurs tenants de la culture d'ici!

G. B. Je parle des États-Unis, mais on peut prendre d'autres exemples, l'Argentine notamment: prenez l'homme de la pampa, le gaucho, il y a là aussi toute une symbolique très positive, très valorisante, qui a été constituée à partir de ce personnage et qui a imprégné la culture nationale, et tout autant la culture populaire. Il y avait une vérité là-dedans. Là où c'est le plus frappant, c'est en Australie ; l'homme de l'*outback*, le *bushman*, a été le stéréotype prédominant pendant près d'un siècle. Aujourd'hui, il s'est un peu affadi. Mais jusqu'au milieu du XXe siècle, l'homme de la brousse a été un des principaux stéréotypes qui ont nourri l'identité nationale australienne. Il a imprégné aussi bien la peinture que la littérature, dès la fin du XIXe siècle.

M. L. Et qu'est-ce que cette comparaison avec l'Amérique des États-Unis, l'Amérique du Sud et l'Australie permet de constater ?

G. B. Ce que je suis en train de dire, c'est qu'il n'y a pas eu l'équivalent au Québec avant le milieu du XXe siècle. On a eu des pionniers, on a eu des « hommes de la frontière », qui ont fait exactement la même chose, qui ont accompli les mêmes gestes que les cow-boys américains, les gauchos de la pampa ou les *bushmen* de la brousse, qui ont vécu exactement les mêmes expériences, les mêmes émotions dans les « pays d'en haut », sur les rives du Saint-Laurent ou dans les régions du Nord. Qui ont surmonté les mêmes difficultés aussi. Mais quand la culture savante a voulu s'abreuver de ces thèmes, de la vie du colon par exemple, des grands épisodes de la colonisation, elle l'a fait suivant le slogan de l'abbé Casgrain. Elle a reconstitué la colonisation et la société rurale telles qu'elle aurait voulu qu'elles soient, telles qu'elles auraient dû être et non pas telles qu'elles étaient. C'est-à-dire en les censurant, en les épurant, en y greffant toutes sortes de valeurs et de symboles qui étaient au goût des élites, de la culture nationale à ériger. La culture savante a aseptisé, émasculé la culture populaire, et en même temps toute la culture nationale. De personnages complexes, libres, un peu ensauvagés, elle a fait des croisés de la langue et de la religion.

M. L. Cette réconciliation des cultures savante et populaire arrive donc très tard pour nous. Cela doit avoir des conséquences importantes ?

G. B. Vous avez parlé d'une trahison des clercs. Encore une fois, le terme me paraît trop fort, trop rude d'une certaine manière. Mais il y a quelque chose de cela dans la sévérité avec laquelle la culture savante a réécrit la culture populaire, en la censurant. Elle l'a traduite d'une manière qui trahissait une partie de son contenu. Parce que ce contenu, on le jugeait rébarbatif, on jugeait qu'il n'était guère présentable. On épurait la langue populaire, on épurait les mœurs, on ne reproduisait pas toute la quotidienneté, seulement celle qui correspondait au message que la culture savante voulait émettre et dans les termes qui convenaient. On rendait la culture populaire semblable à la culture savante qu'on aurait voulu diffuser, ou tout au moins compatible avec elle. Le résultat, c'est qu'il n'y a pas eu de véritable légendaire des pionniers avant la période récente. Ces gens-là ont été privés d'une voie par laquelle leur expérience aurait pu être exprimée, qui aurait fourni à la conscience collective d'autres repères, qui aurait nourri une identité différente. Qui aurait fait émerger le Québécois plus tôt et plus fort. La culture savante a proposé à la culture populaire des images de pastel dans lesquelles elle ne s'est pas reconnue. Il aurait fallu écrire sur des écorces de bouleau avec de la gomme de sapin…

Menaud, maître-draveur : un faux

M. L. Peut-on donner un exemple ?

G. B. Prenons l'exemple qui paraît le moins suspect et qui continue à être célébré aujourd'hui, *Menaud, maître-draveur,* de Félix-Antoine Savard. Menaud est un héros du terroir. Cela semble être le contraire de ce que je viens de dire. Menaud, c'est la célébration d'un personnage de la culture populaire qui se voit hissé au rang de héros par la culture savante. Mais, d'une certaine manière, il n'y a rien de plus faux que la société rurale dépeinte par Félix-Antoine Savard.

M. L. Ce n'est pas le même draveur que dans les chansons de chantier?

G. B. Le roman a mis en scène la détestation que Savard avait du rapport avec les Anglais. Et ce rapport-là, il l'a prêté à des personnages de la paysannerie qui habituellement ne le vivaient pas vraiment, en tout cas pas de cette façon. En général, dans des régions comme le Saguenay ou Charlevoix, le modèle dominant de l'économie forestière à cette époque, ce n'était pas vraiment l'emprise directe des grosses compagnies anglophones; ce qui était surtout visible pour les bûcherons, c'étaient de petits entrepreneurs qui prenaient des sous-contrats des grands entrepreneurs, et qui recrutaient leurs frères, leurs cousins, leurs beaux-frères, leurs voisins. Ils partaient à cinq, huit ou dix pour faire un petit chantier. C'était le modèle le plus fréquent. Donc pour ces gens-là, le rapport de domination, vous savez... Leur univers immédiat, c'était surtout la vie communautaire, celle de la sociabilité proche et de ses prolongements. Il ne faut pas s'y tromper, même cet univers instaurait souvent des rapports très durs entre les personnes. C'était le cas dans ces petits chantiers qui exploitaient souvent le rapport de parenté.

Mais le rapport dominant-dominé avec les capitalistes anglais, tel que Félix-Antoine Savard le met en forme dans son roman, ça me paraît assez loin de l'expérience vécue, des perceptions des colons. C'est pour cette raison que son personnage principal me paraît assez peu vraisemblable. De plus, les hommes mariés allaient plutôt rarement dans les chantiers. Ils laissaient ça aux « jeunesses ». L'horizon familier, quotidien, c'était la terre et l'agriculture, et non pas la coupe forestière. Et puis il est utile de rappeler que Félix-Antoine Savard était issu d'une famille bourgeoise, il se posait lui-même comme une sorte d'aristocrate très paternaliste et assez peu sensible aux thèmes démocratiques et sociaux. Sa vision de la société était au contraire très élitiste, et sa préoccupation, c'était de préserver les bases d'une société traditionnelle avec toute sa vieille notabilité. Derrière les envolées lyriques de l'auteur, c'est le choix social qui me gêne, celui d'une élite conservatrice et paternaliste, qui veut sacrifier les milieux populaires au rêve d'une nationalité élitiste.

Le regard qu'il jette sur la société paysanne me paraît très suspect, très représentatif d'un rapport social ambigu qui a étouffé la culture paysanne plus qu'elle ne l'a affranchie. Il y a tout un travail de déconstruction à faire dans l'œuvre de Savard. C'est un peu paradoxal parce qu'après tout il s'en prenait à un rapport de domination. Mais par quoi voulait-il le remplacer ? Quel genre de société voulait-il préserver ? Ma réponse : celle de l'abbé Casgrain, c'est-à-dire une société paternaliste dominée par le clergé, qui n'aimait pas beaucoup la ville et l'industrie, qui faisait bon marché de la démocratie et se montrait attaché au « peuple », à raison de la docilité qu'il affichait à l'endroit de ses élites.

Je n'essaierai pas de vous cacher que cette œuvre m'inspire peu de sympathie, et même, comme historien ou sociologue, j'ai un peu de mal à traiter froidement ce thème. Il m'intéresse sur le plan scientifique, mais cela me concerne personnellement aussi, comme quelqu'un qui a vécu cette expérience-là du côté de la culture populaire. Pour en revenir à Mgr Savard, je crois que l'expérience de colonisation qu'il a conduite en Abitibi dans les années 1930 pour y créer une paroisse modèle est très révélatrice de ses prémisses sociales. L'affaire a d'ailleurs été un échec complet, et je me permets d'ajouter : heureusement.

La censure dans les familles, même chez les Bouchard ?

M. L. Vous voulez dire que vous-même, dans votre milieu d'origine, vous avez senti que la culture dans laquelle vous êtes né était reniée par les élites ?

G. B. Je suis originaire d'une famille ouvrière qui était très proche du milieu rural. Mes grands-oncles, mes grand-parents étaient des cultivateurs. Le rapport entre la culture savante et la culture populaire, je l'ai vécu très jeune au contact de religieux, d'abord dans ma parenté, puis dans le milieu scolaire. On y sentait bien quelque chose de réproba-teur, à cause de la langue que nous parlions et qu'on nous amenait à modifier, à corriger. Quand on retournait dans notre voisinage, par exemple pour des emplois d'été dans le milieu ouvrier, on revenait vite à notre langue « maternelle », on ne voulait pas passer pour des « tapettes », des efféminés... C'est comme ça que j'avais pris l'habitude de sacrer et de cra-cher, à partir de la fin de juin jusqu'au début de septembre. Après, terminé ! c'était la saison des « sapristi », jusqu'à l'été suivant...
     Personnellement, j'ai trouvé difficile cette transition, qui dans certains cas ressemblait à une sorte de trahison. Il y avait aussi d'autres situations que je vivais plutôt comme des impostures. Je me rappellerai toujours des tantes, des oncles, du milieu ouvrier eux aussi, qui nous admiraient parce que nous savions quelques mots de latin et qui, du coup, nous octroyaient une sorte de supériorité inconditionnelle. Quand

je pense à tout ce qu'ils représentaient pour nous, à tout le respect et à toute l'admiration que nous leur portions…, c'était
très embarrassant.

C'est très délicat, la langue. Parce que le parler populaire
québécois, ce n'est pas le français de France, ce n'est pas le
français international, ce n'est pas la langue des élites. Certains le méprisent encore, ou en tout cas jugent très sévèrement ces formes langagières. Mais il faut faire très attention
parce que cette langue populaire, c'est la langue que les
enfants apprennent à parler dans leur famille. C'est la langue
de leurs premiers émerveillements, de leurs premières émotions, à travers laquelle ils sont entrés dans l'univers, celle qui
a forgé leur première identité, dans laquelle ils ont planté
leurs racines. Cette langue-là contient des mots, des expressions, des accents qui fixent à jamais les souvenirs, les émotions et les images les plus chères, les découvertes, les fidélités
aussi. Il y a tout cela dans la première langue qu'on apprend à
maîtriser, et bien d'autres choses. Il y a des mots, des expressions, des tonalités auxquelles on tient parce qu'elles évoquent
des visages familiers, une partie de notre identité, de nos allégeances premières.

Dans ce contexte, que peut signifier la notion d'une
bonne ou d'une mauvaise langue ? Quand on est un enfant,
on apprend la langue de ses parents, c'est la seule qui existe.
Quoi de plus authentique et de plus respectable d'une certaine manière pour un enfant que de reproduire la langue de
ses parents ? C'est le premier héritage. Et voilà que, arrivé à
l'âge adulte ou à peu près, si on accède à l'enseignement
secondaire ou à la culture savante, on découvre que non seulement on a appris la « mauvaise » langue, mais qu'on devrait
se sentir coupable de l'avoir apprise et de la parler. Avant
même d'avoir réfléchi comme sociologue ou comme historien, j'ai un problème ici. Il y a quelque chose de très rude
là-dedans.

M. L. Mais vous vous êtes résigné. Vous parlez une langue tout à fait internationale, comme on dit.

G. B. Oui, bien sûr, j'ai fait mon choix. Chacun doit décider pour lui-même à un moment donné. Je me suis raisonné… J'ai changé de milieu social, et de milieu culturel aussi. Quand on entre dans un nouveau milieu social, il faut se plier à ses normes, qu'on le veuille ou non. On verrait mal un universitaire, devant un public distingué, qui ferait une grande conférence en langue populaire. Ou qui disserterait savamment dans le langage du Père Gédéon. Il serait la risée de tout le monde. C'est normal, quand on change de milieu, il faut changer de normes; ça relève d'une sociologie assez élémentaire. C'est une première raison. Ensuite, j'en ai découvert d'autres.

Par exemple, la langue populaire est riche, à sa manière, mais elle est aussi très limitée. Elle ne permet de se faire comprendre que dans un cercle très étroit et sur un registre très restreint, parce que son vocabulaire est trop sommaire, sa syntaxe, défectueuse. Finalement, du point de vue de l'expression et de l'épanouissement culturel, elle condamne aussi à certaines formes d'appauvrissement. En découvrant cela, on arrive à relativiser pas mal de choses. Et la transition dont je parlais tantôt, on ne la voit plus comme une trahison, mais plutôt comme un privilège. La première langue apprise ouvre l'individu à un univers proche; mais elle ne doit pas l'y enfermer. Nos parents avaient bien raison de vouloir nous faire instruire… La langue de la culture savante renferme d'immenses richesses, ouvre toutes sortes de territoires à l'esprit. C'est un univers apparemment illimité qu'on découvre avec ferveur et qui permet de communiquer au-delà des frontières de l'ethnie, ce que la culture populaire ne permet pas. Donc, comme vous le voyez, mon expérience de transition ne m'a laissé aucun regret, bien au contraire.

M. L. Mais vous arrive-t-il encore parfois de parler cette langue maternelle?

G. B. Je n'ai évidemment rien oublié de la langue que j'ai apprise rue Saint-François à Jonquière, et il m'arrive encore bien sûr de la pratiquer. Par exemple, c'est la seule que semble comprendre mon micro-ordinateur... Ordinairement, je retourne à cette langue surtout pour faire des blagues. Il y a dans la langue populaire des images très riches, souvent très drôles aussi. Je ne me prive pas d'y recourir quand j'en ai la chance.

M. L. Revenons au regard que le clergé, les représentants des élites posent sur les enfants d'ouvriers. C'est un choc pour vous. Est-ce que vous constatez la même réalité quand vous arrivez au collège ou à l'université?

G. B. C'est encore le même choc évidemment, en plus fort peut-être, parce que dans mon cas, cela comportait une autre transition, vers l'extérieur du Saguenay. Remarquez que, au collège que j'ai fréquenté à Jonquière, j'ai eu la chance d'avoir pour éducateurs des religieux, des oblats, qui étaient des missionnaires sociaux, qui travaillaient avec le milieu ouvrier. Ils étaient venus ouvrir un collège classique à Jonquière parce que c'était un milieu défavorisé quant à l'accès à l'enseignement. C'est cette perspective qui les avait attirés : faciliter à des familles ouvrières, à revenus modestes, l'accès de leurs enfants à l'enseignement supérieur. Ces oblats ont considérablement atténué le choc culturel, parce qu'ils savaient qu'ils ne parlaient pas à des fils de professions libérales ou à des fils de commerçants. Ils savaient qu'ils parlaient à des fils de cultivateurs, à des fils d'ouvriers de l'Alcan, de la Price et des petites entreprises, à des fils de journaliers. Ils ont essayé de jeter des ponts pour faciliter la transition. Je suis en train de faire l'éloge des pères oblats, je pense que c'est bien mérité. Ils étaient vraiment conscients de ce choc culturel qu'il fallait atténuer ; il fallait disposer des marches pour faciliter le passage.

Malgré tout, le passage n'a pas été facile. Nous, dans la famille, nous étions des élèves assez turbulents. Je me suis fait renvoyer de l'école. J'ai eu beaucoup de difficulté à m'intégrer à ce milieu. J'ai souvent vécu cela comme une expérience pénible.

M. L. Pas facile de concevoir que l'universitaire que vous êtes devenu a été un élève difficile, turbulent…

G. B. J'étais toujours assis au dernier rang. Je ne parlais pas beaucoup à mes professeurs. J'avais envers certains d'entre eux une attitude agressive, hostile même, que je manifestais. J'ai eu beaucoup de difficulté à pénétrer ce milieu-là, à m'y intégrer. Heureusement, il y avait la camaraderie, le hockey, le football, le théâtre, la littérature. Et des pédagogues bienveillants !

Je me rappelle que, lorsque je suis arrivé à l'Université Laval, ma rencontre avec Léon Dion, le politologue, a été un événement très important pour moi. Il m'a vraiment facilité l'entrée dans la culture savante, le cénacle universitaire. Léon Dion était quelqu'un de très simple, dont on se sentait tout de suite très proche, qui savait vous mettre à l'aise, en confiance. C'était un homme très doux, d'une gentillesse extrême. En tout cas, il a bien senti les appréhensions chez le jeune étudiant intimidé que j'étais, tout juste sorti du « parc » (des Laurentides). Il était lui-même d'origine paysanne. On aurait dit qu'il sentait ces choses-là dans les visages, dans les manières — ou les absences de manières. Et moi, il m'avait pour ainsi dire adopté. J'ai eu une relation scientifique et humaine très particulière avec lui, de maître à disciple ; il m'a dirigé pendant deux ans, à peu près.

Pour moi, l'université, pendant ces deux premières années, c'était cette relation intellectuelle particulière, très intense avec Léon Dion, qui me traitait comme un disciple, qui orientait mes lectures, qui me prêtait ses gros livres, qui me convoquait régulièrement à son bureau pour en parler, aussi longtemps que je le voulais. Enfin, c'est grâce à lui que j'ai pu vraiment m'installer dans cette culture. Je lui en suis extrêmement reconnaissant. J'aimerais, à ma retraite, pouvoir dire que, moi aussi, j'ai rendu ce genre de service à quelqu'un.

M. L. Vous illustrez ainsi très personnellement la rupture entre les élites et les classes populaires. C'est sans doute plus facile de s'en tirer personnellement que collectivement ?

G. B. En un sens, oui, bien qu'en définitive les deux aspects se rejoignent. Parmi ceux qui ont été admis en même temps que moi au collège classique, il y en a à peine la moitié qui se sont rendus à l'université et en sont sortis avec un diplôme. La réussite personnelle dépend quand même beaucoup de l'importance des barrières que la société oblige à franchir !

CHAPITRE VII

L'ambivalence québécoise

M. LACOMBE. Voilà qui nous permet d'aborder la question de l'identité comme nous la vivons depuis les années 1950.

G. BOUCHARD. Oui, le problème de l'identité. La formulation de ce que j'appelle un légendaire, une mythologie des pionniers et de la ville, une réhabilitation de la réalité culturelle des classes populaires, tout cela va se faire bien sûr par des représentants de la culture savante à partir des années 1950, 1960, mais cela va se faire beaucoup aussi par les milieux populaires eux-mêmes. Par exemple, l'explosion des festivals et des carnavals municipaux et villageois à partir des années 1960. Au Saguenay, on connaît le Carnaval-Souvenir depuis la fin des années 1950. Les organisateurs avaient décidé de mettre en scène de véritables personnages de la société traditionnelle : il y avait le type qui dirigeait l'encan sur le parvis de l'église, le dimanche, il y avait des concours de bûcheux, on reproduisait des scènes typiques de la vie quotidienne.

Tout de suite après, on a vu tout l'éventail un peu farfelu

des festivals de village : un festival de la patate par-ci, un festival du vieux pont par-là, un festival de la truite, ou de ceci et de cela, mais qui puisait toujours dans la réalité, dans la petite histoire locale. Toute cette résurgence, cette explosion de l'imaginaire collectif, cette espèce de revanche d'une identité populaire refoulée s'est faite surtout à partir de la Révolution tranquille, dont elle a été une composante très importante, un peu oubliée aujourd'hui. Et ces thèmes ont commencé à envahir le roman. Pas seulement à la campagne, d'ailleurs, en ville aussi. Il y avait une espèce d'inconscient populaire de la ville. La vieille culture savante avait fait l'impasse sur l'imaginaire populaire urbain.

Donc, vous avez raison, si on se compare aux autres collectivités neuves, on voit que ce réaménagement de la conscience collective, cette reconstruction de la mémoire populaire, constituent des événements relativement récents.

M. L. Est-ce que nous sommes maintenant sur une voie qui nous mène à la réduction de l'écart entre ces deux cultures, savante et populaire ?

G. B. Une réduction de l'écart, oui, et surtout une redéfinition du vieux rapport antinomique qu'elles ont entretenu. De ce point de vue, je dirais qu'on commence à se poser les bonnes questions. C'est un travail qui est loin d'être terminé. Par exemple, il reste pas mal de choses à apprendre sur la vie culturelle des quartiers populaires de Québec et de Montréal aux XIXe et XXe siècles. Mais il y a maintenant des recherches importantes en cours sur ce plan.

Tout cela relève en définitive de la même interrogation de fond : les transformations de l'imaginaire collectif, son affranchissement par rapport aux vieilles dépendances dans lesquelles il s'est formé. Il faut d'abord poser la problématique des collectivités neuves pour en arriver à formuler ces questions-là. Il faut aussi cultiver la comparaison. Et pour cela, il faut se comparer à d'autres sociétés qui ne sont pas la France ni la Grande-Bretagne, mais d'autres collectivités neuves. On n'a jamais fait cela. On commence à peine. Autre chose : cela va peut-être vous surprendre un peu, mais, durant les dernières décennies, on pourrait dire qu'il s'est produit au Québec un retour du balancier, de la culture savante vers la culture populaire et vers la culture de masse. Pour retrouver l'« authenticité » du Québécois. Ce mouvement a été si fort qu'on dirait aujourd'hui que c'est la culture savante qui est mal en point, qui doute de sa légitimité, qui n'ose plus se poser comme culture savante, avec sa langue, ses prérogatives, etc. Il faudrait s'expliquer plus longuement là-dessus, mais je crois qu'une des tâches qui nous attend maintenant, c'est de refonder, de réhabiliter la culture savante, sans compromis, pour la rendre à sa fonction indispensable, à sa responsabilité collective éminente. Il faut réaménager un lieu pour la culture savante au Québec.

Guy Rocher : l'identité américaine du Québec

M. L. Aujourd'hui, nous sommes les héritiers de cette histoire difficile. Et quand on essaie de comprendre l'identité canadienne et canadienne-française ou québécoise, d'ailleurs, il y a ambiguïté dans l'appellation, nous transportons toutes ces hésitations, les effets de ce manque de cohérence entre la culture savante et la culture populaire. Cela a des conséquences pratiques sur l'estime de soi, collectivement, et sur la possibilité ou non de trouver une identité.

G. B. Vous avez raison. Je pense que ce n'est pas une mauvaise façon d'aborder l'interrogation sur l'identité, à partir de ces thèmes, et en particulier à partir de la coupure entre culture savante et culture populaire. Ce que nous avons mis en place dans nos échanges précédents, c'est l'idée que les élites étaient en majorité orientées vers l'Europe, et que les classes populaires, urbaines et rurales, étaient surtout orientées vers la vie du continent américain. Je vous signale en passant que cette idée-là, Guy Rocher l'avait déjà formulée dans un article publié en 1973[1]. Quelques autres avant lui l'avaient évoquée, mais sans insister, sans aller plus loin. C'est une idée très riche qu'il fallait reprendre, mais dans un cadre comparatif.

M. L. Est-ce que ce n'est pas ce que plusieurs essayaient de dire depuis la fin de la guerre? Est-ce que ce n'est pas ce que *Cité Libre*, *Parti pris* et tous les mouvements des années soixante ont essayé de dire?

G. B. Le combat de *Cité libre*, c'était de dénoncer les élites conservatrices au Québec, celles qui tournaient le dos à la modernité, au développement, à l'ouverture, celles qui essayaient de préserver les anciens privilèges, les anciennes formes d'autorité, les anciens modèles sociaux. C'est surtout contre cela que *Cité libre* en avait. Autrement, cette idée de s'interroger sur les rapports à l'américanité et à l'Europe, ce n'était pas présent à cette époque-là. Il est vrai qu'un discours critique de la dépendance et de la décolonisation prenait forme avec *Parti pris*, au début des années 1960. Il y avait déjà une première prise de conscience, mais dans des termes qui

---

1. Guy Rocher, «Les conditions d'une francophonie nord-américaine originale», dans *Le Québec en mutation*, Montréal, Hurtubise, 1973, p. 89-108.

étaient ceux de l'idéologie marxiste et des luttes anti-impéria-
listes du Tiers-Monde. C'était chargé d'un contenu économique et social assez différent.

À mon avis, le texte qui a exprimé l'idée de la façon la plus
explicite à cette époque, c'est cet article de Guy Rocher, dans
lequel il formulait (il était encore le premier à le faire d'une
façon aussi élaborée, aussi complète) l'idée que le Québec
évoluait du statut de culture française vers celui d'une francophonie nord-américaine. Il y a quelque chose de presque
visionnaire dans cet article publié en 1973, rédigé vers 1970.
Et on peut se surprendre qu'il n'ait pas eu plus d'écho depuis
cette époque. À mon avis, il aurait dû susciter plus tôt une
importante réflexion. En fait, c'est un texte qui a été très peu
commenté et qui n'est pas beaucoup cité.

Et je n'hésiterais pas à dire que c'est l'un des articles les
plus importants qui se soient écrits au Québec entre 1960 et
1980, avec le texte d'Hubert Aquin sur la fatigue culturelle[2].
L'idée de cette espèce de désarticulation ou d'antinomie entre
des élites européanisées et une culture populaire américanisée, nous l'avons reprise, Yvan Lamonde[3] et moi, mais séparé-
ment, dans des articles rédigés chacun de notre côté. Nous ne
nous étions même pas consultés, nous nous sommes vus
après, sans que ni lui ni moi n'ayons lu l'article de Rocher à

---

2. Hubert Aquin, « La fatigue culturelle du Canada français », *Liberté*,
vol. IV, n° 23, mai 1962, p. 299-325.

3. Yvan Lamonde, « American Cultural Influence in Quebec : a One-Way
Mirror », dans A. O. Hero and M. Daneau (dir.), *Problems and Opportuni-
ties in U.S.A. Quebec Relations*, Boulder and London, Westview Press,
1984, p. 106-126. Ce texte est aussi paru en français dans Y. Lamonde, *Territoires de la culture québécoise*, Québec, Les Presses de l'Université Laval,
1991, p. 235-258.

l'époque. C'est seulement plus tard que j'en ai pris connaissance. C'est un thème qui est toujours chargé d'actualité, et je crois qu'il peut encore alimenter une réflexion très féconde.

M. L. C'est une étape qui marque le retour des intellectuels vers la culture populaire ?

G. B. C'est certain qu'il y a eu un travail identitaire dans les classes populaires. Un travail culturel s'est accompli dans l'imaginaire paysan, très certainement aussi dans l'imaginaire urbain et dans toutes les classes sociales, mais en particulier dans les classes populaires. Sauf qu'il n'a jamais été beaucoup étudié, surtout dans le milieu urbain. Encore une fois, en Australie, par exemple, la finesse, la qualité des études qui ont été menées sur les contenus des imaginaires collectifs dans ces classes sociales sont extraordinaires. On n'a pas l'équivalent ici. Il faudrait s'y mettre. Par exemple, qu'est-ce qu'on sait de la culture des familles dans le quartier de Saint-Henri, à Montréal, en 1920, ou dans la basse ville de Québec en 1880 ? ou à Rimouski en 1930 ?

M. L. Qu'est-ce que c'est, ce refus de s'étudier, de se regarder, d'essayer de se comprendre, de se mettre le miroir en face ?

G. B. Je pense que c'est encore une retombée du régime dont on vient de sortir, ou dont on est encore en train de sortir, de notre ancienne culture savante. Vous savez d'ailleurs que les sciences sociales et la science historique ont été très imprégnées par ce paradigme dont je viens de parler, le paradigme de la survivance et de la référence française. Nos sciences sociales ont largement assimilé les modèles français et européens jusque dans les années 1960-1970. Elles vivaient largement d'emprunts. On posait les problèmes de notre société à l'aide de concepts, de modèles que les Européens et les Français en particulier avaient élaborés pour s'interroger sur leur réalité à eux, comme si ces réalités-là avaient été semblables aux nôtres, alors qu'elles étaient très différentes. Au fond, on ne formulait pas tout à fait les bonnes questions ni, en conséquence, les bonnes réponses.

M. L. On en est sorti, dites-vous! Heureusement parce que l'identité, c'est une affaire beaucoup plus complexe de nos jours. On parle même *des* identités.

G. B. Je crois que nous en sommes largement sortis, mais c'est un phénomène qui est relativement récent. Et notre situation est déjà beaucoup plus complexe parce qu'il faut désormais parler des identités au pluriel, effectivement. Il faut distinguer d'abord les milieux sociaux : le milieu paysan, le milieu urbain ouvrier, et puis les élites, la culture savante. Ce sont autant de milieux au sein desquels se sont déroulés des processus identitaires.

En outre, il faut distinguer les périodes, parce que les contenus identitaires bougent tout le temps. Il y a eu des redéfinitions, des glissements, surtout dans la définition de l'identité nationale qui était proposée par les élites. Et puis il y a aussi les identités fragmentées ou cumulées : une même personne appartient simultanément à plusieurs ensembles ou sous-ensembles, à plusieurs univers : la famille, le milieu professionnel, la classe sociale, le genre, la nation. Et même là, on peut se sentir à la fois Québécois et Canadien, c'est le cas de beaucoup de gens.

M. L. Mais nous avons une longue habitude de l'hésitation identitaire. On raconte que, rapidement, les colons français arrivés ici se sont dits Canadiens ?

L'hésitation identitaire : Canadien ?
Canadien français ?

G. B. Assez tôt, les premiers habitants se sont en effet perçus comme des Canadiens et non plus comme des Français. C'est arrivé vers la troisième génération. A la fin du XVIIe siècle, on voit des signes montrant qu'il y avait un clivage dans la façon dont se percevaient les habitants de la colonie et les visiteurs français. Et peu à peu, à partir du XVIIIe siècle, ce clivage est devenu très évident.

M. L. Par conséquent, êtes-vous d'accord avec la thèse exprimée par Laurier Lapierre dans le film de Jacques Godbout, *Le Sort de l'Amérique*, selon laquelle les plaines d'Abraham, ça ne nous regarde pas, nous, Canadiens, c'est une chicane entre Français et Anglais.

G. B. Je pense que c'est une idée qui a certains fondements, mais je la trouve exagérée. Encore une fois, il y avait un premier démarquage identitaire entre les Français et les Canadiens. De là à dire que la guerre des plaines d'Abraham ne concernait pas les habitants de la colonie…

M. L. Mais il y a du vrai là-dedans ?

G. B. C'est une idée qui a un certain fondement dans la mesure où une identité canadienne commençait à se manifester, comme que je viens de l'évoquer. Mais il subsistait des éléments fondamentaux de continuité entre Français et Canadiens ; pensons à la langue, à la religion, aux coutumes, aux institutions. La France était encore très proche. C'était la mère patrie. La thèse affirme que, Français ou Anglais, cela laissait les Canadiens indifférents. C'est très difficile à concevoir.

M. L. Cette identification-là, d'être Canadiens, vous la faites donc remonter au début du XVIIIᵉ siècle?

G. B. Début XVIIIᵉ, mais on peut relever des signes même avant.

M. L. Et c'est l'appellation qui a duré le plus longtemps. Moi, je me souviens, disons bien après la Seconde Guerre, que mon grand-père se décrivait comme un Canadien, qu'il nous décrivait comme des Canadiens, les autres étant les Anglais. Pour mon grand-père, il n'y avait pas les Canadiens français et les Canadiens anglais. Il y avait les Canadiens, nous autres, et les Anglais. Et puis il y a eu mon père, donc à la fin des années 1950-1960, pour qui nous étions des Canadiens français. Et puis il y a eu moi, qui, me trouvant à l'âge adulte, dans la jeune vingtaine, me décrivais comme Québécois, parce que c'était devenu le mot qu'il fallait utiliser. Il ne doit pas y avoir beaucoup de citoyens dans le monde qui, à vingt ans, avaient eu à changer deux fois d'identité nationale.

G. B. Bien sûr, c'est une bonne façon de poser le problème. Parce que, si je puis dire, tous ces étages se sont superposés, jusqu'à un certain point. Cela montre bien que les identités bougent tout le temps. Ce n'est pas spécifique au Québec. Au début, donc, il y a eu les Canadiens. En milieu rural, c'est une perception qui a survécu longtemps, jusqu'au milieu du XXᵉ siècle. Après la Cession de 1763, les Canadiens ont été appelés à entrer en contact avec les Anglais, d'une façon ou d'une autre, et pour se démarquer, puisque les Anglais se sont mis à s'appeler « *Canadians* », ils ont introduit peu à peu le concept de Canadien français, pour se distinguer de ces autres Canadiens. Mais c'étaient surtout des urbains ou des gens des élites, ceux qui, pour une raison ou pour une autre, avaient à traiter plus régulièrement avec les *Canadians*. Évidemment, cela excluait les ruraux, comme votre grand-père ou comme le mien. Ceux-là sont restés des Canadiens.

M. L. Ça commence quand précisément, les « Canadiens français » ?

G. B. C'est un glissement qui s'étale sur pratiquement un siècle. Vers 1850-1860, on voit apparaître l'expression ; elle s'est diffusée ensuite assez largement, surtout dans les premières décennies du XXe siècle. Je vous signale quelque chose d'intéressant à ce sujet : le mot a servi à désigner tous les Canadiens français du Canada et même des États-Unis, mais pas les Acadiens, qui ont voulu garder leur identité propre. C'est la même chose aujourd'hui. C'est un phénomène assez intéressant.

Ou alors Québécois ?

M. L. Et puis « Québécois », ça arrive très brusquement. Ça débarque du jour au lendemain, sans avertissement.

G. B. Oui, c'est une désignation qui s'est répandue très vite dans les années 1960.

M. L. Ça, c'est une histoire qui n'a pas été très étudiée non plus.

G. B. On connaît quand même pas mal de choses là-dessus. On sait comment c'est arrivé dans la chanson, dans la littérature, dans le discours politique. On sait maintenant ce que cela veut dire aussi. Si on se réfère au processus d'affranchissement culturel de la métropole, dont on a parlé, c'est clair, cela a affirmé une étape, une étape de rapatriement des appartenances, de récupération symbolique de l'imaginaire. En s'affirmant comme Québécois, on revendiquait une identité qui nous était spécifique, à nous Canadiens français. Il y avait l'affirmation d'une authenticité là-dedans. Je pense que cette signification est assez nette.

M. L. Nous parlons au passé mais, après tout, c'est extraordinairement récent.

G. B. Il faut dire que l'histoire s'est accélérée au Québec depuis un demi-siècle. On a fait un important travail culturel, un important travail sur nous-mêmes. Donc, nous sommes devenus Québécois; et il y a autre chose d'important en cours. « Québécois », au départ, dans les années 1960, c'était synonyme de « Canadien français ». On désignait ainsi les Canadiens français du Québec, là où ils désiraient s'affirmer comme majorité nationale et prendre appui sur un État provincial. C'est cela, le sens de la substitution. Mais le vocable « Québécois » gardait un contenu très canadien-français.

Il y a un autre glissement qui s'est produit et qui a étendu le vocable « Québécois » à l'ensemble des habitants du Québec. On en a vu des antécédents au cours des années 1980, peut-être même à la fin des années 1970, mais cela reste quelque chose de récent, encore en train de se faire. La preuve, c'est la confusion qui règne présentement dans les termes, dans les appellations et dans les perceptions. Comme la réalité identitaire est devenue floue, éclatée, on a de la difficulté à la caractériser avec précision.

L'identité et l'immigrant

M. L. Vous avez parlé d'accélération de l'histoire, là, vraiment, on y est. Comment se fait-il que tout soit arrivé tellement vite?

G. B. Pour ce qui est des problèmes d'identité, je pense que, là encore, la comparaison nous aide beaucoup à y voir plus clair, à ne pas trop nous étonner de ce qui, à première vue, nous paraît exceptionnel. Si vous prenez l'exemple de l'Australie, de la Nouvelle-Zélande, du Canada anglais, ce sont des populations qui vivent exactement la même chose que le Québec. Sur ce plan, le calendrier est parfaitement parallèle. Jusqu'à la Seconde Guerre mondiale, ces nations se représentaient comme très homogènes. Dans le cas du Canada anglais, de la Nouvelle-Zélande et de l'Australie, c'était la culture britannique. Ces nations se définissaient essentiellement par cette référence. Il s'agissait de reproduire le modèle britannique, soit dans le Pacifique, soit au nord des États-Unis — alors que le Québec, traditionnellement, se définissait par référence à son héritage français.

Ce qui s'est produit dans ces sociétés, exactement comme au Québec, découle pour une bonne part de l'immigration. D'abord une hausse de l'immigration, à cause de la période d'effervescence économique qui a suivi les années 1940-1945 et qui a causé beaucoup de déplacements à l'échelle internationale, en particulier en provenance des pays qui avaient été ravagés par la guerre. Mais aussi une diversification de l'immigration. Au Québec, on avait défini l'identité par rapport à la vieille souche francophone. Et puis on s'est mis à recevoir de plus en plus de non-Francophones. Il y en avait déjà auparavant, mais ils restaient en dehors du cercle identitaire, si je puis dire. Peu à peu, cette immigration a imposé sa réalité, en particulier — et c'est un peu paradoxal — lorsqu'elle s'est mise à parler français. C'est à ce moment-là qu'elle est devenue plus visible, plus sonore. La diversité s'est alors imposée dans le paysage culturel. Elle a suscité une prise de conscience. La même chose se produisait ailleurs. L'Australie s'ouvrait de plus en plus à une immigration asiatique extrêmement diversifiée. Le Canada anglais lui aussi. Tout cela a fait éclater les cadres symboliques, le vieux cadre identitaire.

M. L. Donc nous ne sommes pas seuls, ce n'est pas exceptionnel l'accélération de l'histoire que nous avons vécue.

G. B. Nous avons suivi le même itinéraire que les autres collectivités neuves, un peu sans nous en rendre compte, en pen-
sant peut-être que nous vivions quelque chose d'unique.

Non, le Québec n'est pas une exception

M. L. En se comparant, on gagne une certaine modestie?

G. B. En tout cas, une certaine lucidité. La comparaison aide à
relativiser les choses. Un phénomène nous paraît singulier,
angoissant. Quand on apprend qu'il s'agit d'une expérience
fréquente ailleurs, il me semble que cela aide à la comprendre,
et surtout à la vivre un peu mieux. L'évolution dont nous parlons s'est produite partout, y compris dans les nations européennes.

On pourrait prendre d'autres exemples, notamment la
Révolution tranquille, qui a constitué un si grand trauma-
tisme pour nous. Encore une fois, nous l'avons d'abord interprétée comme étant une expérience qui nous était propre,
nous avons essayé de la décoder à partir des paramètres, des
coordonnées de notre histoire ancienne et récente, etc. Mais,
à plusieurs égards, nous retrouvons les contenus de cette
Révolution tranquille dans un grand nombre de sociétés de
l'Occident, à la même époque. Songeons par exemple aux
coordonnées démographiques : les baby-boomers arrivant à
l'âge adulte, la contraception, le divorce, tout cela, c'est un
phénomène occidental.

Il y a eu aussi une espèce de démocratisation culturelle et
puis une grande effervescence, un bouillonnement qui s'est

manifesté dans la littérature, dans l'émergence d'une nouvelle culture nationale. Mais encore une fois on observe la même chose au Canada anglais, en Australie, au Mexique, en Grèce, au Danemark. L'accréditation de certains éléments de la culture populaire qui imprègnent la culture savante, on voit cela un peu partout aussi. Par exemple, le parler populaire australien commence à trouver droit de cité à l'ABC, l'équivalent de Radio-Canada ou de la CBC. Il y a bien d'autres repères à mettre en place, qui nous aident à y voir plus clair dans notre cheminement. Mais pour cela, il faut regarder ce qui s'est passé ailleurs et se donner les moyens de le faire.

M. L. On n'a pas tendance à regarder beaucoup ce qui se passe ailleurs. Est-ce que dans le monde savant, c'est mieux? Est-ce qu'on s'en parle?

G. B. Je crois que ce qu'on observe au Québec avant 1950, c'est ce qu'on pourrait appeler une sorte d'exceptionnalisme canadien-français. Quand on parle d'exceptionnalisme, on fait référence surtout à la culture états-unienne. Les Américains, quand ils se comparent ou quand ils se perçoivent, partent du postulat qu'ils sont différents des autres. Ils sont exceptionnels. L'expression vient de Tocqueville. Quand il est arrivé aux États-Unis, dans les années 1830, Tocqueville a émis l'idée que les États-Unis lui paraissaient être une société exceptionnelle à tous égards. Il y avait davantage de mobilité sociale, davantage de démocratie, de richesse. Il y avait aussi moins de hiérarchie, moins de rigidité dans les cadres sociaux. Et l'idée a été reprise par la culture savante états-unienne, en particulier par les historiens et les sociologues, qui en ont fait une sorte de thèse, ou d'hypothèse à vérifier dans des démarches comparatives : à savoir que les États-Unis étaient peut-être un cas unique et, en sous-entendu : supérieur.

Je pense qu'il s'est produit quelque chose d'analogue au Québec, qu'on pourrait appeler un exceptionnalisme canadien-français mais à rebours, nourri par un sentiment de faiblesse, de précarité, d'humiliation, d'infériorité, et par un grand pessimisme. Nous formons une minorité au Canada, en Amérique; nous sommes seuls, catholiques, francophones et culturellement menacés. Vous avez entendu ou lu un million de fois l'expression «une toute petite minorité *dans une mer anglophone*». Nous représentons quelque chose d'exceptionnel, d'exceptionnellement fragile, tragique même. Je pense que c'est à partir de là qu'il est possible de comprendre l'absence, parce que je crois qu'il faut parler d'absence, relative en tout cas, de curiosité comparative jusqu'à tout récemment. C'est l'attitude qu'on retrouvait aux États-Unis, mais motivée par des sentiments inverses.

Nos sciences sociales et historiques ont été remarquablement dénuées de souci comparatif, l'histoire en particulier. On sent qu'un changement est en train de se produire. Mais vous voyez à quel point tout cela est lié à l'identité. Pour qu'un souci comparatif naisse ici, il aura fallu que quelque chose change d'abord dans notre culture, dans notre façon de nous percevoir.

CHAPITRE VIII

L'identité pour quoi faire ?

M. LACOMBE. Pour poser la question brutalement, est-ce qu'on a un problème d'identité ? Est-ce que la façon dont la question de l'identité se pose ici manifeste un manque, un retard, un problème. Est-ce que la recherche de l'identité serait pour nous une cause de malheur ?

G. BOUCHARD. Je vais vous répondre à titre d'historien. Le premier réflexe devant une question comme celle-là, c'est d'abord de se donner du champ, de se livrer à une rétrospective. Par exemple, il faudrait savoir de manière beaucoup plus fine quels ont été les différents contenus identitaires qui ont caractérisé, successivement et simultanément, le Canadien français depuis le début du XIXᵉ siècle. À travers quelles représentations avons-nous cherché à nous percevoir, d'une génération ou d'une époque à l'autre ? Il me semble qu'une démarche de ce genre s'impose au préalable.

Prenons l'exemple des Patriotes, et en particulier la pensée de Papineau. Quand il définissait la nation, qu'il essayait de caractériser le genre de société, de culture qu'il voulait construire après la Rébellion, c'était remarquablement moderne comme conception. Yvan Lamonde l'a bien montré. C'était une nation qui se préoccupait assez peu de l'ethnie, très ouverte aux immigrants, et très laïque aussi. C'était ouvert à toutes les religions, et non seulement au catholicisme. C'est un fait qui n'a pas suffisamment attiré l'attention jusqu'ici.

Le Canadien français

M. L. On est avant 1840. Avant les phénomènes d'imitation servile de la vieille France.

G. B. Oui, mais après 1840, à partir du moment où la nation s'est définie explicitement comme canadienne-française, il y a eu des glissements aussi. Il ne faut pas voir cela comme un symbole ou un héritage qui s'est figé en se transmettant, qui est resté immuable jusqu'en 1950. À l'échelle spatiale, par exemple, ce concept de Canadien français n'a pas cessé de bouger. Au début, la nation était restreinte au Bas-Canada, c'est-à-dire, en gros, au territoire actuel du Québec moins le Labrador.

Après 1840-1850, quand l'émigration des Canadiens français commence vers la Nouvelle-Angleterre et vers l'Ouest canadien, l'identité canadienne-française, ou la nation canadienne-française, si vous voulez, prend de l'expansion. Avec la Confédération, et un peu plus tard avec l'intégration des provinces de l'Ouest, on voit apparaître l'idée, le rêve pancanadien, le rêve d'un Canada français qui s'étend d'un océan à l'autre, au fond. D'où l'idée des deux nations, française et anglaise. C'est pour cette raison que la Confédération de 1867 a été interprétée comme une alliance, comme un pacte entre deux nations : la nation canadienne-anglaise et la nation canadienne-française, à l'échelle du territoire canadien. C'est l'origine de la thèse des deux peuples fondateurs. Les Canadiens anglais, eux, avaient une autre perception : pour eux, il n'y avait qu'une seule nation, la même d'un océan à l'autre. Mais c'est une vieille mésentente, qui survit encore aujourd'hui, comme vous le savez.

Et puis, avec toutes les déceptions, tous les démentis que ce rêve pancanadien a subis, avec le déclin des droits scolaires dans les provinces de l'Ouest et en Ontario, avec l'affaire Riel dans les années 1880, avec les deux Conscriptions, il est arrivé que, progressivement, la nation a désenchanté, et le vocable « Canadien français » s'est peu à peu replié sur le Québec, l'ancien Bas-Canada. Il est revenu à sa base de départ. Et ce repli a été consacré — on peut mettre une date là-dessus — en 1967, avec les États généraux du Canada français[1]. À partir de ce moment, il est devenu très clair qu'il y avait un clivage entre une conception pancanadienne de la francophonie et une conception québécoise. Il y a eu sur ce point une rupture entre les Canadiens français du Québec et ceux des autres provinces, qui voulaient continuer à penser leur avenir à l'échelle pancanadienne. Je dis 1967, mais notez bien qu'il y avait eu tout de même des actes précurseurs : par exemple, la création, en 1947, de la Fédération des Sociétés Saint-Jean-Baptiste du Québec, alors que, jusque-là, cette fédération regroupait toutes les sociétés du Canada et même de la Nouvelle-Angleterre.

---

1. Marcel Martel, *Le Deuil d'un pays imaginé : rêves, luttes et déroute du Canada français. Les rapports entre le Québec et la francophonie canadienne (1867-1975)*, Ottawa, Les Presses de l'Université d'Ottawa, coll. « Amérique française », 1997, 203 p.

M. L. Est-ce qu'il y a, oui ou non, une nation canadienne-française?

G. B. Je dirais que, oui, il y a toujours une nation canadienne-française, dans l'esprit d'un certain nombre de Québécois nationalistes qui adhèrent encore à la représentation pancanadienne, un peu à la manière du nationalisme de survivance de la période 1850-1950. Cette vision est en perte de vitesse. Il y a aussi une autre conception de la nation canadienne-française, restreinte au territoire québécois.

Mais je signale l'essor d'une troisième conception beaucoup plus prometteuse. Ici au Québec le vocable « Canadien français » est en train de renaître sous de nouveaux traits, dans l'esprit de la nation québécoise, pour désigner le groupe ethnique majoritaire. Mais c'est une carrière très différente ; le vocable est dépouillé désormais de ses références anciennes (repli, humiliation, etc.). Pour le reste, et c'est important, j'ajouterai que dans l'esprit de tout le monde, il subsiste au Québec un sentiment de solidarité envers les Francophones hors Québec.

1967 : mort annoncée du Canada français

M. L. C'est une conclusion des États généraux de 1967, la fin du Canada français?

G. B. On peut le dire de cette façon ; de ce point de vue, 1967 est une année charnière. Par la suite, on a assisté en dehors du Québec à une sorte de fragmentation de la francophonie canadienne. Les Acadiens qui avaient toujours un peu gardé leurs cartes ont continué à le faire, ils se sont toujours définis comme des Acadiens, identifiés aux provinces maritimes, tandis que les Francophones de l'Ontario se définissent de plus en plus comme des Ontarois, ceux de la Saskatchewan comme des Fransaskois...

M. L. Mais là, on parle de l'élite. Est-ce que ça donne le droit au Québec, à cause de ses ambitions nationales, d'abandonner les Francophones hors Québec, hors de la « nation », alors qu'on partageait la même histoire ; c'était le rêve, c'était l'expansion vers l'ouest et vers le sud ?

G. B. Abandonner... je ne sais pas si le mot convient. Il y a eu tout simplement ce fait sociologique du fractionnement des communautés et d'un fractionnement identitaire. Le mot « abandon » porte un jugement de valeur qu'il est difficile d'apprécier. Moi, je me contente de noter qu'il y a eu ce phénomène de fragmentation, qui résulte d'un choix de part et d'autre. À ce compte-là, on pourrait tout aussi bien dire que ce sont les Francophones hors Québec qui ont abandonné les Franco-Québécois dans leur lutte d'émancipation, pourquoi pas ? Après tout, la francophonie canadienne aurait pu choisir de se solidariser avec le nationalisme québécois. Il me semble que, comme choix politique, l'idée pouvait se défendre : appuyer le renforcement politique d'un foyer francophone au Québec, qui aurait pu ensuite intervenir pour aider les Francophones au Canada. Il faut rappeler aussi que, au Québec, le mouvement de repli autour de l'État québécois était dicté par un impératif de survivance, non seulement d'une langue mais aussi d'une culture et d'une société. Les Canadiens français du Québec ne faisaient plus confiance au Canada pour assurer cette survivance.

M. L. Vous en demandez beaucoup aux Francophones hors Québec et aux Acadiens... Plusieurs Québécois, même souverainistes, se sentent encore tout à fait Canadiens français, donc solidaires de tous les Canadiens français...

G. B. J'éprouve aussi ce sentiment, mais je ne vois pas le moyen de le traduire politiquement dans le contexte fédéral ou pan-canadien.

Qui suis-je ? Où vais-je ? Dans quel état j'erre ?

M. L. Vous dites que de nombreuses sociétés sont actuellement touchées par une crise, par un malaise identitaire. Mais c'est une chose que d'être déstabilisé quand on est déjà un pays, une nation, un État, avec un gouvernement responsable, et c'est autre chose de l'être quand on est encore dans une espèce d'état de flottement, où on ne sait pas si ce sera la situation politique A ou B ou C qui prévaudra !

G. B. Je suis bien d'accord avec vous. Au Québec, il y a d'abord une instabilité, une incertitude politique, et une incertitude identitaire s'ajoute à cela. Mais l'incertitude identitaire n'est pas nécessairement créée par l'incertitude politique, elle est plutôt aggravée.

M. L. Mais s'il y a une incertitude identitaire, comment voulez-vous qu'il y ait une solution politique?

G. B. Oui, cela rend plus difficile la solution politique. Mais pour nombre de gens, la solution au problème identitaire se trouve dans le règlement du problème politique. Plusieurs vous diront, avec des raisonnements qui sont très cohérents, que le problème culturel du Québec se réglera si on institue une base politique claire et solide. C'est un peu ce que vous disiez tout à l'heure. Une société qui n'est pas un État souverain vit plus difficilement son problème identitaire. Je suis bien d'accord.

M. L. J'imagine. Mais encore faut-il devenir souverain. Et là, le préalable est-il la politique ou la culture ?

G. B. Ce n'est pas un cercle vicieux. Mais il est vrai que, si le problème identitaire s'accentue, il déborde forcément sur le politique et compromet là aussi les chances de réaliser une cohésion, un équilibre satisfaisant.

Et si le problème identitaire n'était pas si urgent !

M. L. Disons les choses comme ceci. Le problème politique peut toujours attendre. Mais le problème identitaire, on a pas le choix, il faut le régler. Il faut un jour savoir qui on est.

G. B. Je ne crois pas, non. On ne peut pas dire : nous avons un problème identitaire important, il faut s'en occuper, nous allons le régler. Ensuite, nous passerons à l'autre problème. Ce n'est pas comme cela que les sociétés changent. Le problème identitaire, il y a beaucoup de sociétés qui ne l'ont jamais vraiment réglé, vous savez, comme nous l'avons déjà mentionné.

M. L. Mais dans le cas du Québec, est-ce qu'il n'y a pas déjà une étape préalable qui n'a pas été réglée, c'est-à-dire de savoir si on est Canadien, Canadien français ou Québécois d'abord ?

G. B. En partie seulement. Il est vrai qu'il subsiste une plage d'incertitude. Par exemple, lorsqu'un Canadien français se déclare Québécois, quelle place fait-il aux communautés culturelles, aux minorités ethniques ? Et quand on parle de culture québécoise, à quels contenus symboliques et ethniques réfère-t-on au juste ?

M. L. Quelle est la façon de découvrir ce que nous sommes alors?

G. B. Il faut d'abord clarifier nos perceptions, nos concepts. Ce n'est pas facile, car la situation identitaire est floue, en pleine mouvance. Il faut s'efforcer d'établir au moins des balises. L'important, c'est de maintenir la cohésion collective. Tout cela ne peut pas se faire d'une façon autoritaire, comme au XIXe siècle et jusqu'au milieu du XXe siècle. Les États-nations assimilaient tout simplement les minorités, d'une façon très paternaliste.

M. L. La France?

G. B. La France est l'un des meilleurs exemples. L'Argentine aussi est un très bon exemple. L'Argentine a fonctionné à l'assimilation, si je puis dire, avec une efficacité extraordinaire, plus que les États-Unis. Mais la France aussi. Là, c'est le modèle jacobin, centralisateur, républicain qui, à partir de la Révolution de 1789 surtout (mais c'est un mouvement qui était en marche depuis longtemps), a créé une culture uniforme, en a imposé le modèle à l'aide de la machine de l'État et l'a diffusé dans l'ensemble du corps national en se servant d'institutions comme l'école, l'armée etc.

C'est un très bel exemple. L'identité française n'a guère posé de problèmes jusque dans les années 1960. On savait ce que c'était qu'un Français; la culture républicaine fournissait la réponse à cela. Mais c'est une identité qui a été créée sur un mode autoritaire, et pas du tout par le fait d'une longue maturation historique qui aurait cheminé par elle-même, au hasard des processus collectifs. Pour s'implanter, cette identité a dû détruire toutes les identités régionales, ethniques et linguistiques, qui existaient déjà dans les différentes parties de la France.

Cela a été le grand travail du système scolaire conçu au XIXe siècle par Jules Ferry, une espèce de bulldozer culturel qui a fait violence à toutes les cultures locales. Les Bretons, et bien d'autres, ne pouvaient pas parler leur langue à l'école. Est-ce que cela ne vous rappelle pas quelque chose, à propos de la francophonie hors Québec, justement ? Il y a des cultures régionales qui ont été littéralement frappées d'interdiction, le mot n'est pas trop fort. Tout cela a été bien étudié par les ethnohistoriens français. Évidemment, si on dispose d'une machine de ce genre, on peut instituer une identité forte, homogène. Mais ce n'est pas donné à toutes les sociétés et, de toute manière, on ne procéderait plus comme cela aujourd'hui. Ce n'est pas exactement un modèle de sensibilité, de démocratie culturelle.

M. L. Ce n'est plus une solution qu'on envisagerait ouvertement et qu'on défendrait dans un débat public.

G. B. Il y a des valeurs fondamentales qui sont engagées. Elles sont au cœur de la démocratie. Le respect de la différence, la reconnaissance des droits collectifs, etc. De toute façon, ces attitudes autoritaires sont impossibles à maintenir aujourd'hui. Voyez en France, le grain de sable maghrébin qui est en train de faire dérailler la vieille machine républicaine. Cela dit, il faut souligner que le cas de la France présente un étrange paradoxe car, après tout, la République y a été fondée sur des valeurs de liberté profondément enracinées. En ce sens, c'est un modèle à suivre. Mais ces valeurs de liberté s'arrêtent à l'échelle des individus. La République ne reconnaît pas les réalités et les droits communautaires ou collectifs. Voyez comme la France hésite à signer l'entente européenne sur la protection des langues régionales, négociée depuis quelques années, alors que tous les autres pays de l'Union européenne l'ont fait.

Un autre pays où l'identité s'est montrée robuste, ce sont les États-Unis. C'est quand même un peu différent du modèle français, dans la mesure où, officiellement, il ne s'agissait pas (du moins, officiellement) d'acculturer les immigrants à un modèle préexistant, mais de fondre tous les apports culturels pour en faire quelque chose de nouveau, une culture supérieure, différente de chacune de ses composantes. C'est un modèle qui, lui aussi, s'avère beaucoup plus fragile qu'on le pensait. On s'aperçoit en effet que le melting pot n'a pas fonctionné comme on aurait voulu. Il y a d'anciennes identités, d'anciennes appartenances qui refont surface. Il y a des vieilles familles d'immigrants norvégiens, par exemple, qui créent des sociétés d'histoire norvégienne, qui retrouvent de la correspondance, des archives familiales, des traces de l'établissement en Amérique, qui se redonnent une mémoire, qui se redéfinissent un peu comme Norvégiens-Américains. Et puis il y a ce nouveau type d'immigrants, comme les Latinos-Américains, qui refusent de s'assimiler, qui veulent se reproduire culturellement. Et, évidemment, il y a aussi à travers tout cela le problème noir qui n'a jamais été réglé.

M. L. Alors, qu'est-ce qu'on est en train de dire ?

G. B. On est en train de dire que toutes les grandes identités se fragilisent, se défont ou sont menacées de se défaire, dans le monde ancien tout autant que dans le Nouveau Monde.

La sécurité identitaire n'a jamais existé

M. L. Cela peut nous consoler de ne jamais avoir fait le travail que ces pays-là avaient accompli avant nous puisqu'on aboutit au même résultat ?

G. B. Je pense que cela devrait nous amener, de part et d'autre, à une réflexion sur le phénomène identitaire lui-même, sur ce qu'il est, sur ce qu'il a été réellement et, plus fondamentalement, sur le mode d'intégration des sociétés. Je crois que, en sciences sociales, on a adhéré depuis longtemps à une vision un peu naïve de l'intégration collective. Je ferais exception cependant pour la tradition marxiste radicale. Je ne parle pas ici des visions idylliques de la société, où chaque composante est supposée participer à une même dynamique collective, être mobilisée pour les mêmes actions, les mêmes perceptions, tout cela étant emporté dans une même direction, sous la main de l'État qui veille à tout, qui orchestre les mouvements particuliers dans un ensemble.

M. L. En chantant l'hymne national.

G. B. Si vous voulez, mais pas nécessairement. Je pense à des visions plus réalistes où on essaie de faire la part des divisions, des conflits, des « dysfonctionnements ». Or, même là, il me semble qu'on présente une conception un peu simpliste de la cohésion. Je pense que l'intégration collective, c'est au fond le nom que l'on donne à une réalité très désordonnée, à toutes sortes de déséquilibres et de rapports de force auxquels on s'est tout simplement habitué, qu'on s'est résigné à ne pas bien maîtriser. Mais on étend là-dessus un voile culturel et institutionnel qui fait émerger un peu artificiellement un sentiment de cohésion, d'intégration. Je préfère parler de co-intégration, pour faire ressortir le caractère éclaté, fractionné de ces dynamiques collectives articulées les unes aux autres selon des rapports très complexes.

Tout cela fait que nous avons présentement l'impression que nos sociétés se sont subitement désintégrées. Mais si nous regardons de plus près, nous allons peut-être jeter un regard plus critique sur ce qu'elles étaient jadis pour s'apercevoir qu'elles n'étaient pas si intégrées que cela, les sociétés. Et que les nôtres ne le sont sans doute pas moins que les anciennes.

M. L. Au fond, le désarroi actuel est peut-être simplement dû à une crise de l'autorité?

G. B. Je ne suis pas sûr non plus que ce soit une crise de l'autorité. C'est comme pour l'identité ou l'intégration. Par exemple, on a eu l'impression que la société française a été très stable, très robuste depuis le dernier tiers du XIXe siècle. Mais si on va voir dans les cultures locales, dans les communautés régionales, est-ce que vraiment il y avait une conformité parfaite au modèle national, une fois qu'on a écarté le voile institutionnel? Est-ce que la société officielle qui était définie par les élites, par la culture savante et soudée à des institutions, avait vraiment percolé dans toutes ces cultures locales, dans tous ces régionalismes, toutes ces féodalités villageoises et autres? Je suis loin d'en être sûr.

Et puis toute cette culture urbaine, ouvrière, celle des journaliers, des itinérants, des petits quartiers, a toujours recelé une part très importante d'esprit rebelle, réfractaire, indiscipliné, si on me permet cette expression. L'autorité nationale, qu'est-ce que cela voulait dire dans ces milieux-là? Peut-être qu'on s'est fait beaucoup d'illusions sur les capacités d'intégration de l' «autorité», comme vous dites. Ce que nous vivons aujourd'hui comme une crise de l'identité, de l'intégration ou de l'autorité dans nos sociétés pourrait nous amener à un nouveau regard, à un réexamen utile de ce qu'étaient réellement les sociétés passées. C'étaient des sociétés où il y avait des divisions profondes que les grandes définitions identitaires avaient également pour fonction d'occulter. Je ne réduirais certainement pas la fonction identitaire à cela, ce serait exagéré, mais il faut prêter attention à cette dimension. Finalement, tout cela ouvre d'importantes pistes de recherche.

M. L. Mais comment les aborder ? En affirmant que la question de l'identité n'est plus la bonne question, qu'il faut en trouver une autre à la place ?

G. B. Non, la question des processus identitaires constitue un bon moyen pour essayer de savoir exactement quelle était l'emprise des grandes définitions, des grandes symboliques nationaux dans les différentes classes sociales. Ce serait une enquête importante, qui inviterait à reprendre plusieurs recherches, à relire un tas de classiques, mais avec un autre regard, un nouveau questionnaire. Et puis, à la fin, plusieurs seront tentés, et un certain nombre le sont déjà, de se demander : est-ce que, dans une société, on a vraiment besoin d'une identité collective aussi cohérente, aussi prégnante ?

À ce sujet, il est bon de rappeler que les États-Unis ont voulu se donner une identité nationale qui exclue les éléments ethniques, qui soit fondée uniquement sur des valeurs de société, sur des normes à caractère universel à partir desquelles on pourrait construire la vie collective, plutôt que sur des particularismes liés à la religion, aux traditions. Mais c'est un modèle qui demeure encore aujourd'hui controversé ! Certains ont pu dire qu'il y avait là une espèce de mensonge, que c'était une manière de dissimuler le magistère de la culture « WASP » (White Anglo-Saxon Protestant) qu'on a finalement essayé d'imposer à tout le monde. Il y a une part de vérité là-dedans. Mais l'intention initiale d'éviter l'ethnicisme était également louable.

En ce qui concerne la France, c'est un petit peu la même chose. En 1789, la France a résolu de construire une culture universelle qui rejette tout élément ethnique hors de l'espace public et qui fasse reposer la vie collective, un peu comme aux États-Unis, sur des valeurs et des droits universels dans leur portée et dans leur définition. Sauf qu'on peut constater après deux siècles qu'une ethnicité (c'est-à-dire des traits culturels spécifiques, inscrits dans des traditions et des institutions) s'est développée néanmoins. On pourrait même dire : une ethnicité « tricotée serrée » !

Ce qu'on peut retenir de tout cela, c'est que l'ethnicité est non seulement inévitable mais utile. Après tout, c'est ce qui permet de fonder une appartenance dans une collectivité, une capacité de communiquer, de se comprendre, de se solidariser aussi. Tout cela est bien utile pour fonder un minimum de cohésion dans la vie collective.

Des questions plus importantes que l'identité

M. L. Mais si cette cohésion culturelle que vous appelez l'ethnicité est inévitable, comment peut-elle s'accommoder de la diversité ?

G. B. Je ne vois pas comment, si nous acceptons le fait que nos sociétés sont ouvertes à l'immigration sans discrimination, donc à la diversité et à la différence, nous pourrions recréer une identité nationale ou collective qui fonctionne à l'homogénéité et à l'assimilation, comme jadis. C'est impossible. S'il faut respecter la diversité des croyances, les particularismes, alors, il faut reconstruire l'identité sur d'autres bases, sur des bases qui accommodent la pluralité ethnique.

Cela ne veut pas dire un objectif d'ethnicité zéro, qui me paraît impossible : il faut quand même avoir une langue, il faut avoir un certain nombre de repères communs pour agir avec un minimum de concertation. Cela amène à redéfinir l'identité collective comme un mélange de particularismes ethniques, de traditions culturelles en interaction, de valeurs à caractère universel assorties d'un patrimoine d'institutions, de symboles communs appelés à fonder à la longue une nouvelle ethnicité : de nouveaux traits culturels, de nouveaux symboles, de nouvelles traditions qui caractériseraient la nation québécoise.

M. L. Mais alors, est-ce que l'État-nation a encore une importance, ou est-ce devenu un instrument politique totalement désuet ?

G. B. Non, pas du tout. Je crois que l'État-nation garde au contraire toute son importance. Simplement, son rôle se redéfinit, lui aussi. Ce qu'il y a de neuf dans ce que je dis, c'est peut-être l'idée qu'il faudrait davantage penser l'identité en rapport avec ses fonctions sociales : fonder une communication, une appartenance et une capacité de solidarité. Il est important de maintenir une possibilité de mobilisation des citoyens pour des fins sociales, pour poursuivre des idéaux de changement. Cela nous ramène à des questions fondamentales, un peu oubliées dans le débat identitaire ; par exemple : quel genre de vie collective voulons-nous mettre en œuvre, quel genre de citoyen voulons-nous former, quel genre de rapport voulons-nous instituer entre les citoyens, est-ce que nous voulons des sociétés qui soient un peu moins inégales, un peu plus justes ?

M. L. Mais on dit que toutes ces questions-là n'ont plus cours maintenant, qu'elles sont complètement dépassées parce qu'on n'a plus ces choix-là. Les choix désormais sont dictés par des réalités économiques internationales et par les grands conglomérats. On dit que le peu de différences qui existent à l'heure actuelle d'un État à l'autre, quant au rôle de l'État envers le citoyen ou du citoyen envers l'État, est en train de disparaître par la force des choses.

G. B. Non, il y a deux choses dans ce que vous venez de dire. Il y a d'abord tout le problème des inégalités sociales, qui constitue un problème fondamental dans la vie collective. Ce problème-là n'est pas relégué aux oubliettes. Simplement, les moyens qu'on avait pour agir dans ce domaine sont devenus moins efficaces à cause de la façon dont l'économie s'est transformée. Mais nous allons trouver d'autres moyens, c'est certain. Le grand capital s'est réorganisé ; le travail suivra bien lui aussi. Ou, si vous voulez : l'économique s'est réformé ; le social va suivre.

M. L. Vous êtes un optimiste !

G. B. Pourquoi pas ? Mais il faudra du temps. Il y aura un retour du balancier, c'est évident. Si le capital est capable de s'internationaliser, les ouvriers, les syndicats, les autres instances de résistance et d'action sont capables d'en faire autant. Avec un peu de retard peut-être, mais c'est certain que cela va se produire. Au lieu d'avoir des contestations locales, il y aura des conflits, des actions à l'échelle internationale. La mondialisation du capital va commander une mondialisation des luttes de travail. On va voir, à mon avis, de grandes fusions syndicales, un nouveau modèle de solidarité internationale. La vieille idée des Internationales ouvrières va réapparaître, mais sous une autre forme. Quant à l'État-nation qui perd son pouvoir...

M. L. ... qui perd sa pertinence...

G. B. ... je n'y crois pas non plus. Je pense que ses fonctions se redéfinissent mais qu'il conserve un pouvoir très important. Il demeure un acteur essentiel, même pour le grand capital. Celui-ci a besoin des interlocuteurs que sont les États-nations, à cause des pouvoirs qu'ils détiennent, des pouvoirs de législation, de gestion locale.

Les États-nations restent solides. Ils ont moins de pou-

voirs, bien sûr. Mais quant à ceux qu'exercent les grands orga-
nismes internationaux, ce sont des pouvoirs que les États-
nations leur ont eux-mêmes concédés pour les mettre en
commun. Les grands principes qui ont créé l'État-nation ne
font l'objet d'aucune contestation. Le cadre de la souveraineté
populaire, la notion d'État-nation elle-même, théoriquement
et juridiquement, tout cela n'est absolument pas remis en
cause. Bien sûr, dans les grands cercles de décision, les petites
nations exercent peu d'influence. Mais est-ce qu'il en a déjà
été autrement ? Je pense que, par le passé, les rapports à
l'échelle internationale ont toujours été aussi rudes qu'aujourd'hui, et peut-être davantage.

Et puis il y a une autre fonction importante que les États-
nations sont appelés à remplir. C'est de contrer certains
aspects de la mondialisation, justement. Sur le plan culturel,
par exemple, faire valoir la diversité des cultures dans le
monde. Mais, de façon plus générale aussi, l'État est la seule
instance qui puisse protéger le citoyen contre l'aliénation
dont la mondialisation est porteuse. Les individus ont besoin
d'être défendus contre les féodalités et les bureaucraties internationales. C'est un sentiment qu'on voit s'affirmer forte-
ment maintenant dans les pays membres de l'Union européenne. Jusqu'à un certain point, les cultures se replient,
l'économie se déploie. Et l'État va arbitrer, mais pas en soli-
taire, plutôt en concertation avec d'autres États, comme on l'a
vu avec le projet d'AMI (Accord multilatéral sur l'investissement) qui a finalement échoué.

M. L. Mais, au bout de la question de l'identité, qu'est-ce qu'on
trouve ? Est-ce qu'on trouve forcément une nation ? Et si on
trouve forcément une nation, est-ce qu'on trouve forcément
un État ? Et si on trouve une nation sans État, est-ce qu'on
trouve autre chose ? Qu'est-ce qui arrive quand on pousse la
question de l'identité jusqu'au bout ?

G. B. Mettons à part pour le moment le problème des nations qui n'ont pas d'État et qui peut-être en auront un jour, et peut-être pas, personne ne le sait. Concentrons-nous sur le problème de l'identité collective. À mon avis, nous sommes en train de redéfinir complètement la perception, le rôle de l'identité dans une société, dans une nation. C'est cela que nous sommes en train de faire à travers toutes les interrogations présentes. En cherchant à refaire l'identité nationale, nous inventons un autre usage de l'identité. Nous nous rendons compte peu à peu qu'il est impossible de reproduire le modèle ancien de l'identité. Donc nous sommes amenés à chercher autre chose.

M. L. Est-ce qu'il faut arrêter de chercher une solution au problème de l'identité nationale du Québec?

G. B. Au sens d'une identité nationale fondée sur l'homogénéité ethnique, oui. Ce qu'il faut rechercher d'abord et avant tout, c'est le fondement symbolique, culturel, d'une cohésion, d'une appartenance ou d'une solidarité collective. Cela devrait pouvoir reposer, comme je le disais tout à l'heure, sur un mélange de particularismes ethniques et de valeurs et institutions communes. Seulement, il va falloir du temps pour faire émerger cette cohésion ou cette appartenance. À court terme, ce qu'il faut faire, d'après moi, si on veut faire avancer cette question de l'identité québécoise, c'est de redéfinir le cercle de la nation en l'élargissant. Nous avons d'ailleurs pas mal de travail de fait dans cette direction. Au départ, le dénominateur commun, sur le plan culturel, c'est la langue française, comme langue première ou langue seconde ou tierce, mais la capacité de s'exprimer en français. Et, à l'intérieur de ce cercle, c'est l'interaction des identités et des cultures qui va, à la longue, produire un ciment, quelque chose qui va ressembler à une véritable identité nationale. Donc, assurer au départ la survie du français comme langue officielle, c'est ce que fait la loi 101 ; et, pour le reste, laisser faire les acteurs. En d'autres mots : agrandir la patinoire, tracer des lignes tout de même, et laisser les joueurs se démêler, ou carrément se mêler, pourquoi pas ?

M. L. Si la question de l'identité nationale peut se régler de cette façon, pour quelles raisons la question du contrôle de l'État demeure-t-elle importante ?

G. B. L'État demeure important à l'échelle nationale comme à l'échelle internationale. Une première raison pour laquelle la nation a besoin d'un État : la représenter et défendre ses intérêts à l'extérieur, dans le contexte de la mondialisation. C'est à l'État que revient aussi, à l'intérieur, la responsabilité de faire respecter les règles de la vie en société, les droits individuels et collectifs. Et puis, la nation, c'est plus que la langue et plus que la culture : c'est aussi un idéal social, une conception du genre de société à édifier. Ici, l'État est indispensable.

CHAPITRE IX

Se poser comme majorité

M. LACOMBE. J'aimerais que nous revenions sur certaines questions que nous avons déjà abordées rapidement, pour en préciser certains aspects. Nous avons parlé, par exemple, d'une nouvelle ethnicité, où l'identité serait moins importante. Cette nouvelle ethnicité ouverte, respectueuse de la diversité, existe-t-elle déjà ou est-elle plutôt un projet?

G. BOUCHARD. Parlons plutôt de la nouvelle nation, si vous voulez. Cette nouvelle nation québécoise, c'est le modèle qui m'intéresse le plus parce qu'il me paraît le plus apte à rendre compte à la fois de la réalité présente et du devenir du Québec dans toute sa complexité, dans toute sa diversité. Selon ce modèle (ou plus exactement : selon ma version du modèle), la nation québécoise, sur le plan culturel, se définit d'abord par référence à l'usage de la langue française, comme point de départ. C'est un modèle qui essaie d'inclure tous les Québécois, quelle que soit leur origine ethnique (linguistique, religieuse et le reste), dans un même ensemble linguistique et pluriculturel. Par exemple, quand je parle de l'usage de la langue française, j'entends la capacité de parler le français non seulement comme langue maternelle mais aussi comme langue seconde ou tierce. C'est un critère qui fonde une définition large de la francophonie. Il me semble que la nation définie de cette manière, sur la base d'un dénominateur commun, relève en partie de la réalité, d'ores et déjà, et en partie du projet.

On peut dire qu'elle fait déjà partie de la réalité parce qu'au Québec il y a 94 % des Québécois qui sont capables de parler français, qui déclarent être capables de parler en français (c'est exactement la proportion des Américains qui déclarent pouvoir parler l'anglais). Donc, présenter la langue française comme étant un dénominateur commun minimal de cette nation, ce n'est pas une abstraction. C'est une donnée qui correspond vraiment à la réalité dans laquelle nous vivons. Sur ce plan, je pense que nous nous trouvons sur un terrain solide. En outre, 87 % des Québécois utilisent effectivement le français dans la vie de tous les jours, comme vient de le révéler une étude du Conseil de la langue française. Il est donc parfaitement légitime de concevoir cette nation québécoise comme une francophonie.

Deuxièmement, il y a quand même parmi certains groupes ethniques non canadiens-français au Québec un sentiment d'appartenance québécoise qui est bien développé. Il y en a d'autres chez qui c'est en train de se former. Donc là aussi, il y a un horizon favorable, à mon avis.

Mais la nation québécoise relève aussi pour une part du domaine du projet, parce qu'elle présente une perspective nouvelle. Cela peut surprendre parce que, depuis plusieurs années, on dit que tous les habitants du Québec sont des Québécois. En fait, ce n'était pas vraiment le cas dans les années 1960, comme nous l'avons déjà souligné. Pendant une vingtaine d'années, quand les Canadiens français du Québec se disaient « Québécois », ce qu'ils voulaient dire, c'est qu'ils occupaient l'espace national du Québec. C'était aussi pour se démarquer des autres Canadiens français du Canada, pour couper la référence pancanadienne. Les « Québécois », c'étaient les Canadiens français du Québec. Pensons au slogan : « Le Québec aux Québécois ».

M. L. Est-ce qu'on peut préciser à quel moment ça change, à quel moment la nation commence à correspondre au territoire ?

G. B. Je dirais dans les années 1980.

M. L. Donc après mai 1980, après le premier référendum ?

G. B. Un peu après, je crois. En passant, je ne pense pas que le référendum ait directement quelque chose à voir avec cette question. C'est une évolution qui s'est faite progressivement. J'en fixerais l'origine vers le milieu ou vers la fin des années 1980.

M. L. Est-ce que ça veut dire que le premier référendum se serait tenu sous l'ancienne pensée, sous l'ancienne définition du Québécois ?

G. B. Oui, si vous voulez, sauf peut-être chez René Lévesque. Mais ce genre d'ambiguïté n'apparaît qu'après coup. Dans le feu de l'action, au moment où les choses sont en train de se faire ou de se défaire, certaines perceptions sont encore floues ; parce que les réalités le sont aussi, au fond. Passer de « Canadien français » à « Québécois », c'est une transition qui s'est opérée rapidement au début des années 1960, mais elle ne s'est pas accompagnée d'une pensée qui aurait essayé très explicitement d'inclure les non-Canadiens français sous ce vocable. C'est venu plus tard.

Et je dirais que c'est venu surtout à partir des années 1990, lorsqu'on cherchait un modèle précisant ce que devraient être les rapports interethniques au Québec : comment, à l'intérieur de cette nation québécoise, chaque groupe ethnique aurait-il sa place ? quelles seraient les modalités de son intégration à la nation ? Remarquez qu'il y a eu d'importantes tentatives au cours de la décennie précédente, et même à la fin des années 1970, par exemple avec la notion de « culture de convergence » ou encore le manifeste gouvernemental : *Autant de façons d'être québécois* (1981). Mais je pense qu'implicitement elles conservaient plus ou moins l'idée d'une certaine hiérarchisation au sein de la culture nationale, ou d'une assimilation à la culture canadienne-française. Cette pensée, ou cette arrière-pensée, disparaît aujourd'hui.

En somme, la pleine conscience de la représentation québécoise de la nation, c'est quelque chose qui n'est pas si ancien. Ce qu'il faut surtout retenir, c'est que le modèle intégral de la nation québécoise pose tout le défi de la diversité, d'une intégration sans aucune forme d'exclusion ou de discrimination. Et il invite à réfléchir plus avant sur la question des rapports interethniques, sur l'agencement de la pluriethnicité au sein de la nation.

M. L. C'est même tellement récent que c'est un peu difficile d'en parler avec un sens de l'histoire. M. Parizeau a quand même attribué la faute du résultat du dernier référendum aux votes ethniques.

G. B. Oui, ce qui l'a obligé à démissionner, il ne faut pas l'oublier. Mais, indépendamment de cela, ce qui retient mon attention, c'est cet état d'ambiguïté, de confusion même qui règne dans le vocabulaire ou dans les perceptions des gens quant à l'identité québécoise. Par exemple, au cours du colloque sur les relations judéo-québécoises que nous avons tenu à Montréal en mars 1999, toute la journée il y a eu des gens qui sont venus au micro pour parler des Québécois *et* des Juifs, ou bien des Juifs *et* des Francophones. Pourtant, il y avait de nombreux Sépharades dans la salle, des gens dont le français est la langue maternelle. Alors ces gens-là ne s'y retrouvaient plus. Les autres Juifs non plus d'ailleurs : pourquoi Juifs *et* Québécois si, par ailleurs, on affirme que tous les habitants du Québec sont des Québécois ? Il y a une espèce de confusion qui règne encore, sinon dans nos perceptions, au moins dans notre vocabulaire. C'est embarrassant, en particulier pour les non-Canadiens français.

En ce sens donc, la nation québécoise appartient également au domaine du projet. Et c'est précisément ce travail-là qui s'effectue dans les débats en cours depuis une dizaine d'années. Un autre signe que cette partie du modèle de la nation relève du projet, c'est qu'il ne fait pas l'unanimité, loin de là, même au sein des Canadiens français. Il reste aussi beaucoup de choses à préciser. C'est ce qui explique les désaccords et la confusion que chacun peut observer. Le modèle n'est pas encore ancré dans tous les esprits.

M. L. Oui mais quand même, un important leader comme M. Parizeau !

G. B. Entendons-nous bien, c'est un épisode qui me gêne parce que M. Parizeau est un intellectuel et un politicien que je respecte beaucoup à cause de tout ce qu'il a fait pour le Québec, et aussi à cause de la façon dont il l'a fait, d'une manière très démocratique, rigoureuse et courageuse. C'est un homme qui a consacré toute sa vie à la cause de la souveraineté. C'est un itinéraire qui inspire le plus grand respect. Mais le soir du référendum, à mon avis, il a fait une grosse erreur. Pourquoi avoir ciblé d'une manière aussi directe, agressive même, les « votes ethniques » comme ayant causé l'échec au référendum ? Il y avait bien 40 % de Canadiens français aussi qui avaient voté *non*. Bon, fermons cette parenthèse, si vous le voulez bien.

Au sujet de l'identité québécoise, il existe encore pas mal de choses à clarifier, autant chez les Canadiens français que chez les autres groupes ethniques. Une fois qu'on a établi que tous les habitants du Québec sont des Québécois à part entière, on a posé une prémisse fondamentale. Mais il reste plusieurs questions pendantes. Il reste à penser la diversité culturelle québécoise. Pour moi, une des façons d'avancer, c'est de reconnaître l'existence des autres groupes ethniques et leur droit à protéger leur identité, leurs traditions, leur culture. Tout comme les Canadiens français. En ce sens, la nation québécoise est un assemblage, une coalition de groupes ethniques. Il me semble qu'il faudrait aussi s'employer à rapprocher ces groupes, à réduire les distances et les stéréotypes qui les éloignent aujourd'hui. D'où l'idée d'une politique des interactions, des partenariats. D'où aussi l'importance d'une école publique déconfessionnalisée. Et puis, à long terme, je crois qu'une véritable appartenance québécoise, une cohésion, une identité nationale pourrait en résulter. Mais dans la longue durée seulement, et dans le respect de la diversité. Je dis identité nationale, mais dans la perspective des identités plurielles, évidemment, compatible avec d'autres références identitaires, comme il arrive dans la vie de chacun. Je n'en dis pas plus long ; j'ai déjà présenté ces idées plusieurs fois ailleurs.

M. L. À propos des participants au colloque sur les Juifs, il s'agit de gens qui lisent, qui s'intéressent aux idées et qui suivent l'actualité. C'est quand même étonnant, non ?

G. B. Mais oui, on parle de gens cultivés et de bonne foi, qui s'intéressent à ces problèmes, qui suivent l'actualité de près. C'est pour cela qu'ils étaient venus à ce colloque. Vous voyez

qu'il y a encore un gros travail à faire, un travail de concertation, de clarification, pour préciser ce modèle de nation québécoise. Quels en sont les contenus symboliques? Quelles
sont les références à mettre en place désormais pour nous
identifier collectivement et individuellement? Quelle doit être
cette nouvelle identité québécoise en train de prendre forme?
Quelle place doivent y tenir les minorités ethniques ou les
communautés qui composent le paysage culturel québécois?
Par exemple, l'identité juive est-elle appelée à se fondre dans
l'identité québécoise ou bien à y figurer comme une de ses
composantes, en relation avec d'autres identités? Et quelle
place doivent tenir les Canadiens français eux-mêmes? Toutes
ces questions paraissent assez théoriques, mais elles ont des
répercussions très concrètes.

M. L. Pour donner au mot « québécois » ce sens territorial, est-
ce qu'on ne devrait pas carrément parler des « Canadiens
français » comme d'un groupe appelé à former la nation québécoise au même titre que les Italiens, les Grecs, les Canadiens
anglais ou les Vietnamiens...?

G. B. Je suis tout à fait d'accord. Il faut concevoir la nation québécoise comme un assemblage de groupes ethniques : les
Canadiens français ou Franco-Québécois, les Autochtones, les
Anglo-Québécois, toutes les communautés culturelles. Chacun a le droit de préserver son identité, ses traditions, et le
reste. Mais tout cela, je le répète, dans l'esprit des identités
plurielles, conjointes, dans l'esprit d'une appartenance commune à la nation québécoise. Et puis, encore une fois, il faut
promouvoir les interactions concrètes entre ces groupes,
entre ces partenaires de la nation, pour arriver à la longue à
créer une cohésion et une identité, une appartenance québécoise. Au fond, c'est l'esprit de l'interculturalisme, dont on
parle depuis plusieurs années au Québec.

L'habitude du changement

M. L. On s'attendrait à ce qu'un historien vous dise : « Eh bien voici, ça s'est développé comme ça et on en est rendu là : *vous êtes ici.* » Or, vous dites : « On est peut-être rendu là, il semble que ce soit en train de se développer, mais ce n'est pas fait. » Est-ce que c'est encore l'historien qui parle ici ?

G. B. Je ne m'embarrasse pas beaucoup de ces étiquettes-là, historien, sociologue ou quoi que ce soit. Mais je trouve que la démarche de l'historien aide beaucoup à comprendre ces choses. Par exemple, elle nous apprend que, dans l'histoire du Québec et du Canada français, le contenu de ce qu'on appelle la nation ou l'identité nationale n'a pas cessé de bouger, n'a pas cessé de se renouveler, de se reconstituer. C'est donc tout à fait normal qu'on ait à faire ce travail de redéfinition aujourd'hui. Il n'y a pas eu une période où tout cela était stable, parfaitement cohérent, et puis une autre où on serait entré en crise tout à coup, en perdant tous nos repères, toutes nos balises. Ce n'est pas cela du tout. Nous nous trouvons engagés dans une évolution normale. Nous faisons exactement ce que toutes les générations qui nous ont précédés ont fait, c'est-à-dire mettre à jour, réorchestrer, reprogrammer les références qui nous servent d'identité. Il me semble que c'est une façon de voir les choses qui donne un peu de sécurité, vous ne trouvez pas ? Cela veut dire que la maison n'est pas en train de brûler, elle se tient bien. Nous sommes en train de refaire des cloisons. Ensuite, ce sera autre chose. Changer d'adresse, peut-être… ?

M. L. Mais comment ça fonctionne si on parle de quelque chose qui est en train de se développer, de quelque chose qui n'aurait pas de précédent ? Si aucun pays n'a constitué la culture commune ou l'identité nationale de cette façon-là, est-ce qu'on est en train, en tant que collectivité neuve, d'inventer un nouveau modèle ?

G. B. Nous avançons en terrain inconnu. Mais nous n'y sommes pas seuls. À peu près toutes les sociétés d'Occident et plusieurs sociétés d'Orient sont engagées dans le même défi, se posent exactement les mêmes questions, accomplissent les mêmes tâches. Elles sont engagées, chacune à sa façon et en fonction de son itinéraire particulier, suivant sa culture, dans la même transition. On pourrait trouver des dizaines d'exemples. Mais, encore une fois, chaque nation, chaque culture y est arrivée à sa manière et négocie ce virage à sa façon. La manière française est très différente de la façon dont ça se passe aux États-Unis, ou ici au Québec et au Canada. Mais fondamentalement, c'est le même problème. Ce sont de vieilles identités qui avaient pris l'habitude de se définir à partir de prémisses d'homogénéité. Il fallait assimiler l'immigrant. Et désormais ce paradigme ne marche plus.

Une majorité généreuse ?

M. L. Il faut qu'il y ait un moyeu, j'imagine, il faut qu'il y ait un centre, il faut donc qu'il y ait une majorité quelque part qui attire à elle les minorités et qui fasse des compromis. Est-ce que c'est comme ça que ça se passe ? Une majorité qui renonce un peu à être une majorité pour que les minorités trouvent une place ?

G. B. Cela dépend encore une fois des nations. Mais l'exemple que vous avez à l'esprit, c'est celui de populations où il y a un groupe ethnique qui est majoritaire.

M. L. Le Québec, c'est assez clair.

G. B. Le Québec, la France, l'Allemagne et bien d'autres, la majorité des cas, en fait.

M. L. Et le Canada aussi.

G. B. Le Canada anglais aussi, absolument. Prenons cet exemple, si vous le voulez; il est très intéressant. Le groupe ethnique le plus nombreux, d'ascendance britannique, européenne, va demeurer ce qu'il est, tout en continuant à perdre du terrain, mais il va exercer sa présence et son action d'une manière différente. Ce qu'on voyait dans le passé, ce sont des majorités ethniques (et parfois aussi des minorités) qui monopolisaient l'espace national, qui contrôlaient les institutions, le droit, la politique, etc., et qui le faisaient dans l'intérêt de leur groupe ethnique, c'est-à-dire comme Canadiens français, comme Canadiens anglais, et le reste. Jusqu'à un certain point, ils excluaient les autres, ceux qui ne faisaient pas partie du groupe majoritaire, qui ne voulaient pas s'assimiler et à qui on ne reconnaissait pas d'existence collective. Au Québec, par exemple, on a reconnu des droits collectifs aux Anglo-Québécois. C'était une disposition de l'entente de 1867. Mais, dans les autres provinces du Canada, où aucune garantie de ce genre ne protégeait les droits culturels canadiens-français, ces droits ont été bafoués. Pour ce qui est des Autochtones, dans les deux cas, ils ont été exclus, comme chacun sait.

Prenons maintenant l'exemple de la France. La culture républicaine française ne reconnaît pas de droits collectifs ou de réalité collective, ethnique, autre que la culture nationale, qui est la culture républicaine. C'était la même chose en Australie, en Nouvelle-Zélande et aux États-Unis, pour ne parler que des collectivités neuves. Maintenant, il s'agit d'introduire la diversité comme réalité collective, et non pas seulement comme réalité individuelle. On n'affirme donc pas uniquement que chaque individu a le droit d'avoir ses croyances, ses opinions. On parle de réalités collectives, des configurations culturelles qui s'introduisent dans le paysage national et le redéfinissent.

M. L. Est-ce que ce n'est pas beaucoup demander à une majorité?

G. B. Mais puisqu'elles ont choisi d'admettre des immigrants, les majorités ont-elles vraiment le choix? Elles y sont amenées par la force des choses. Ce qui a bougé d'abord, ce sont les minorités elles-mêmes. Par exemple, le nouveau fait immigrant. Les immigrants, traditionnellement, ou bien se fondaient dans la société d'accueil, s'assimilaient, renonçaient à leur appartenance, ou bien refusaient de s'assimiler, mais ils étaient alors voués à demeurer des minorités, à être traités comme des marginaux. Dans les sociétés du XIXe siècle, ce n'était pas un sort très enviable, parce que la majorité ethnique gouvernait souvent par discrimination. C'est ce qu'on appelle l'ethnicisme.

Ce qui se passe aujourd'hui, c'est que le fait immigrant ne s'assimile plus. Il s'intègre, mais sans s'assimiler, en restant attaché à son origine, à son appartenance ethnique. Et, en même temps, l'immigrant ne veut pas s'installer comme marginal, victime de discrimination. Il veut, et avec raison, profiter des mêmes droits et se sentir intégré à part entière dans la société. C'est cela qui est neuf. Comment peut-on intégrer le fait immigrant dans toute sa diversité, tout en préservant cette diversité? Comment le faire sans en même temps le rendre victime de discrimination? C'est cela le défi, au fond. Et comment va-t-on reconstituer une cohésion sociale? Comment va-t-on refaire l'identité nationale? Tout cela invite à repenser les schémas symboliques, les modes d'intégration culturelle.

M. L. Donc, vous dites que la majorité ne fait pas ça par vertu ? Elle le fait parce qu'elle n'a pas le choix, parce que les minorités, les nouveaux immigrants se comportent différemment. Mais au Québec, la réalité politique que certains médias et plusieurs politiciens décrivent souvent, c'est qu'il y a les Francophones d'un côté, majoritaires, et de l'autre côté les immigrants, les Autochtones et les Anglais, qui, eux, parlent tous anglais. En gros, c'est encore très largement la description qui est faite de la réalité québécoise, et pas seulement dans certains milieux souverainistes. Je ne dis pas que ce soit juste, mais est-ce que la réalité n'est pas moins subtile que ce que vous évoquez ?

G. B. C'est plus compliqué que cela. D'abord, ce quadrillage que vous venez d'évoquer, il est défectueux. Je dirais, pour qu'on se comprenne bien, qu'il y a d'un côté les Canadiens français, mais de l'autre côté, des Francophones aussi. Il faut rappeler que 25 % des Autochtones québécois sont francisés, parlent français, ont même été élevés dans la religion catholique, comme vous et moi.

M. L. ... mais ce ne sont pas ceux-là qui font image et qui marquent l'imaginaire populaire.

G. B. Mais, vous voyez, c'est exactement ce que je veux montrer, ils ne sont même pas entrés encore dans la représentation qu'on se fait de l'identité francophone. Ces 25 % d'Amérindiens, pourtant, correspondent parfaitement à la définition de ce qu'est un « Francophone », si je me réfère à la notion du Québec comme francophonie. Mais concrètement, dans l'imaginaire quotidien des Canadiens français, ces Francophones n'existent pas comme tels. C'est dans ce sens-là qu'il reste du travail à faire pour implanter le modèle de la nation québécoise.

Et puis c'est la même chose pour les Juifs. Parmi eux, il y a des Sépharades qui sont des Francophones de naissance, dont

le français est la langue maternelle, mais nous ne les percevons pas comme tels, nous ne les intégrons pas dans l'imaginaire de la nation québécoise en tant que Francophones,
parce que nous les percevons encore comme étant en marge,
comme étant des Juifs, des quasi-étrangers, des non-Québécois, non-Canadiens français, non-Francophones, enfin tout
ce que vous voulez. Vous voyez, cette vieille machine-là n'est
pas encore cassée, loin de là.

On pourrait dire que le tissu ethnique du Québec se com-
pose d'un certain nombre d'éléments ou d'acteurs. Il y a
d'abord les Canadiens français du Québec, bien sûr. On pourrait les appeler les Franco-Québécois, d'ailleurs, pour les distinguer des Canadiens français de l'extérieur du Québec. Puis
il y a les Autochtones, les Anglo-Québécois et les communautés culturelles. Ici, on trouve les Juifs, les Italiens, les Grecs, les
Portugais, les Haïtiens, etc. Ce sont les éléments constitutifs
de la nation québécoise. Mais on voit bien, encore une fois,
qu'il faut penser tout cela à travers le dénominateur commun
de la langue française et de la francophonie, parce que sur le
plan culturel c'est un fil qui réunit chacun de ces éléments. Et
pour l'instant c'est l'un des rares facteurs culturels ou symboliques qu'ils aient à partager. Donc, il faut bâtir à partir de là.
C'est l'amorce d'une véritable culture nationale.

Toutes les identités qu'on veut

M. L. Est-ce qu'un citoyen peut avoir plusieurs identités, par
exemple, canadienne et québécoise?

G. B. Je pense que cette dualité identitaire québécoise et canadienne est viable. Quelqu'un peut se sentir à la fois Québécois
et Canadien. Cela a été d'ailleurs le cas de la majorité des

Canadiens français pendant des générations. Et cette espèce d'étagement des identités à l'heure actuelle devient un phénomène universel. C'est déjà présent dans la réalité, même si tout le monde n'en est pas conscient. Des gens se perçoivent comme ouvriers, membres de leur syndicat ou membres de la classe ouvrière. Ils se perçoivent aussi comme membres de telle famille, comme habitants de tel quartier, de telle région. Ce sont des Saguenayens, des Beaucerons, des Gaspésiens ou des Montréalais. Mais cela ne les empêche pas de se sentir également Québécois et puis Canadiens. Regardez les Juifs ashkénazes qui, tout en préservant leur identité, se sont largement intégrés à la communauté anglophone du Québec. C'est un phénomène universel que cette pluralité, cet étagement des identités. Je ne crois pas qu'il y ait de contradiction là-dedans. Nous ne parlons pas ici de choix politiques, mais d'allégeances identitaires. C'est un phénomène sociologique tout à fait courant.

M. L. Mais quand vient le moment des choix politiques, qu'est-ce qu'on fait?

G. B. Quand vient un référendum, là, évidemment, il faut choisir. On passe au plan politique. Dans ce cas, il peut arriver qu'un individu soit amené à hiérarchiser ses appartenances, ses identités, et à en faire une traduction politique. Mais cela ne met pas en cause la pluralité identitaire que je viens d'évoquer.

M. L. Donc, cette nation québécoise, c'est en train de se produire, dites-vous. C'est donc un peu à venir mais c'est un peu présent aussi. On est déjà dedans, on n'en est pas tous conscients toujours, mais ça a un caractère inévitable.

G. B. C'est vraiment en train de se faire, d'après moi. Inévitable, ce serait très présomptueux de l'affirmer. Ce qui est intéressant du point de vue d'un scientifique, ce qui est exaltant même, c'est que, si nous nous montrons assez lucides, nous n'allons pas nous contenter du rôle de spectateurs, regarder cela se produire ou s'enrayer tout seul, mais nous y présenter comme acteurs et essayer d'orienter cette transition-là dans la mesure du possible. À condition d'avoir une idée claire de la direction à prendre.

La proposition

M. L. Mais est-ce qu'on peut quelque chose dans ces matières? Ou est-ce que ça arrive, tout simplement?

G. B. Je crois qu'on peut intervenir de toutes sortes de manières. Nous restons des acteurs importants de notre destin, à la condition évidemment d'en être assez conscients, assez lucides, et d'avoir des idées claires sur ce que nous voulons. Je trouve qu'actuellement au Québec, c'est un peu ce que nous sommes en train de faire. En matière d'intégration collective, il y a toutes sortes de propositions sur la table. Celle qui me paraît la plus prometteuse, c'est celle de la nation québécoise, dont je parle beaucoup, mais dont je ne suis pas l'auteur. C'est une idée qui a déjà dix ou quinze ans, et, à mon avis, c'est la proposition la plus intéressante. Elle m'intéresse à titre d'intellectuel ou de scientifique, et à titre de citoyen aussi. J'entends bien faire tout mon possible pour travailler à la promotion d'une proposition comme celle-là, comme modèle d'arrangement des rapports collectifs dans la société québécoise. C'est un idéal très élevé, chargé des valeurs les plus nobles. Cela vaut la peine qu'on s'en occupe; j'ai l'impression qu'on peut faire œuvre utile là, comme scientifique et comme citoyen.

M. L. Quel que soit l'avenir politique. Cette nation québécoise, c'est comme pré-politique, si on veut.

G. B. Jusqu'à un certain point, on peut considérer toutes ces réalités comme extérieures à la politique. Parce que, quelles que soient les options constitutionnelles et ce qu'il en adviendra, il y aura toujours un État, une société québécoise, il y aura toujours ici cet assemblage d'appartenances ethniques qu'il faudra bien concilier de la façon la plus harmonieuse possible. Et cela va se faire si les citoyens s'en occupent.

M. L. Oui, si les citoyens s'en occupent. Et là, je vous ramène encore au rôle de la majorité. Quelle est la différence entre le rôle de la majorité et celui des minorités dans ce qui est en train de se dessiner?

G. B. Je pense que la responsabilité principale incombe au groupe majoritaire, justement à cause de son statut. Au Québec, comme partout ailleurs, c'est le groupe majoritaire qui exerce la plus grande emprise sur les centres de décision, sur les institutions aussi bien publiques que privées. Ainsi, les Canadiens français, ou les Franco-Québécois, ont une responsabilité considérable. Mais l'initiative doit être intellectuelle d'abord; il faut concevoir le genre de modèle que nous pourrions implanter pour orchestrer les rapports non seulement entre les individus, mais aussi entre les groupes.

M. L. Et puis ensuite faire des propositions acceptables pour les minorités, donc des compromis.

G. B. Donc des compromis, bien sûr. Par exemple, le modèle de la nation québécoise exige un compromis de la part des Canadiens français; il suppose qu'ils renoncent à quelque chose. C'est que désormais la nation, dans une première étape, en tout cas, se définirait au-delà des Canadiens français. Il faut faire une place équitable dans l'espace public à d'autres groupes ethniques qui, eux aussi, pourraient y maintenir leur identité, aux côtés de l'identité canadienne-française. Donc, partager la place avec d'autres, inscrire la vieille identité dans un cercle élargi, celui d'une francophonie ; relativiser une certaine idée de soi. Déjà, c'est un compromis, cela. Au XIXe siècle et jusqu'au milieu du XXe siècle, les Canadiens français avaient refermé autour d'eux le cercle de la nation. Cette représentation se justifiait par le fait qu'ils constituaient une culture menacée, fragile, incertaine de sa survivance, dans un contexte hostile. Et c'était donc tout à fait normal de prendre les moyens de se protéger.

Maintenant, on voit les choses différemment. Nous nous sommes beaucoup perçus comme minoritaires au sein du Canada et dans l'environnement nord-américain. Et nous ne nous avisions pas qu'au Québec même nous formions nous aussi une majorité. Nous sommes arrivés peu à peu à une prise de conscience de cette double réalité maintenant que, de plus en plus, nous pensons à définir notre destin à l'intérieur de l'espace québécois. Cela pour les Canadiens français. Mais il va de soi que les autres partenaires devront en faire autant de leur côté.

Par exemple, les membres de la communauté juive ont depuis longtemps été très proches de la communauté anglophone. Il leur sera demandé de se rapprocher aussi de la francophonie ; et je suis convaincu que nous trouverons chez eux des dispositions favorables. Pour les Sépharades, arrivés plus récemment au Québec, cela ne devrait pas être difficile, à moins que nous ne soyons très maladroits. Nous sommes devenus plus conscients du fait que nous ne sommes pas seuls dans l'espace québécois, qu'il y a des minorités avec lesquelles il faut établir des rapports aussi civilisés que ceux que nous réclamions comme minorité au Canada. En somme, la culture canadienne-française est encore fragile, menacée, mais nous avons trouvé une autre façon d'orchestrer cette précarité, une autre façon de vivre avec cela.

Le minimum, c'est la langue

M. L. Jusqu'où ferait-on des compromis? Est-ce que, par exemple, on peut faire des compromis sur la langue? La langue, dites-vous, c'est le pivot de la culture commune, etc. Mais est-ce que ça peut aller jusque-là?

G. B. Non, la langue, encore une fois, ce n'est pas négociable. La langue, c'est le fond, le cœur de l'affaire. Je suis bien d'accord qu'il peut y avoir des discussions sur la façon, par exemple, de faire prévaloir la langue française au Québec ou de travailler à sa promotion. Mais elle est le premier étage de l'édifice que nous sommes en train de réaménager, de toute la culture nationale québécoise. Là-dessus, il me semble qu'il n'y a pas de place pour des compromis. Nous ne pouvons pas, comme Canadiens français, jeter du lest ici.

M. L. Non, mais le compromis, ça peut être dans la définition de « Francophone ». Est-ce qu'il faut avoir adopté depuis une ou deux ou trois générations le français comme langue maternelle ou est-ce qu'on peut se satisfaire, par exemple, de la langue d'usage public?

G. B. Sur ce plan, je suis partisan d'une politique d'ouverture, comme je l'ai dit, d'une définition large de ce qu'est un Francophone. En accord avec le modèle de la nation québécoise comme francophonie, je considère comme Francophone quelqu'un qui est capable de traiter, de communiquer en français, de participer à la vie de la nation. À partir de ce moment, je considère qu'il participe à la francophonie, qu'il en fait partie; peu importe que le français soit sa langue maternelle ou non. Il faut éviter que la définition de la francophonie comme critère d'appartenance à la nation exclue *a priori* des groupes entiers. Je pense que la définition que je viens d'énoncer est acceptable de ce point de vue. Quant à ceux ou celles qui n'ont aucune connaissance du français, ils restent selon moi des Québécois, il n'est pas question de revenir là-dessus. Mais ce sont des Québécois marginaux et qui se sont installés eux-mêmes dans la marginalité, de leur propre choix, et non par le fait d'une exclusion dont ils seraient victimes. Il me semble que cette position est solide et viable, sur le plan sociologique comme sur le plan juridique. Si quelqu'un sait parler français, il possède le moyen de s'intégrer à la vie collective, qui se fait surtout en français au Québec. Si cette personne n'apprend pas le français, c'est un choix personnel; elle a décidé de s'exclure. De s'exclure de la vie francophone québécoise, nous nous comprenons bien, car pour le reste, cette même personne peut être intégrée à bien d'autres réseaux.

M. L. Ça, on a parfaitement le droit de le faire.

G. B. Bien sûr, chacun a ce droit et c'est un choix qu'il faut respecter. Sauf que, si quelqu'un le fait, il doit vivre avec les conséquences de son choix; le prix à payer, c'est celui de la marginalité. La marginalité par rapport à la francophonie québécoise, bien sûr.

M. L. Il faut donc accepter d'inclure dans la définition de « Francophone » quelqu'un que les indicateurs comptent sous la rubrique «langue d'usage » et non plus sous la rubrique «langue du foyer » ?

G. B. Je n'ai pas beaucoup de réticences sur ce plan-là. Une personne dont le français est la langue d'usage est quand même intégrée dans une bonne mesure à la vie francophone, même si cette personne parle une autre langue quand elle rentre à la maison. C'est le signe d'une intégration à la vie collective, à la vie publique dans ce qu'elle a de plus actif. On touche ici à une question qui a été souvent débattue au Québec, celle qui oppose la langue comme véhicule, comme simple instrument de communication, et la langue comme véritable vecteur de la culture et de l'identité profonde. Pour plusieurs, seule la seconde forme garantirait la survie de la culture nationale. Je pense qu'on a tort de négliger la première. Dans le contexte québécois, il est important d'établir d'abord le français comme langue de communication auprès des non-Francophones. Le passage de la première à la seconde forme se fera dans la longue durée. Il est important d'introduire ici une dimension de temps. Et si jamais le passage à l'« identité profonde » ne se fait pas, ce n'est pas une catastrophe non plus. Il y a un gradient compliqué qui va de la langue à l'identité. C'est un espace qui peut être occupé de bien des façons.

M. L. La société doit donc reconnaître que l'individu n'a pas à faire la preuve que le français est sa langue d'usage principale et qu'elle peut seulement constater sa capacité de fonctionner en français dans la vie publique.

G. B. De quel droit pourrait-on aller plus loin ?

CHAPITRE X

Le Québec : l'utopie nécessaire

M. LACOMBE. Je suis certain que cette culture publique, cette culture commune que vous évoquez, va apparaître à certains comme un vœu pieux, une utopie.

G. BOUCHARD. Je sais. C'est parce qu'on a tendance à raisonner à court terme. On raisonne dans un climat d'urgence alors que, par définition, les matières dont on parle changent dans le long terme. L'intégration, je ne dis pas l'assimilation, des immigrants, par exemple, se fait habituellement à la deuxième et à la troisième génération.

M. L. On parle de trente à cinquante ans, quoi !

G. B. Environ. Par exemple, quand on dit que l'identité canadienne-française a beaucoup bougé récemment au Québec, il faut rappeler qu'il a quand même fallu quelques décennies. Aujourd'hui, quand nous parlons du Québec pluriethnique et de ce que pourrait devenir l'identité nationale, je crois que nous éprouvons des inquiétudes qui trahissent une vision à court terme des choses. Le Québec a mis en place des mécanismes qui ne peuvent produire de résultats que dans la moyenne ou la longue durée. La loi 101, qui vise à franciser les nouveaux immigrants ou leurs enfants, il faut lui laisser le temps de produire ses effets. Il faut plus qu'une génération. Donnons-nous un peu de temps avant de battre le rappel de la survivance. Ces réalités évoluent à un rythme assez lent. Une autre variable essentielle aussi, c'est évidemment la détermination des Franco-Québécois à prendre soin de leur langue, à la respecter et à la faire respecter. On n'insiste pas assez là-dessus, il me semble.

M. L. Bien sûr. Mais est-ce que je peux vous traiter d'optimiste, étant donné que ça fait des années qu'on n'a pas ou à peu près pas enseigné l'histoire dans les écoles? Pendant des années, on a refusé de dire aux enfants qui nous sommes.

G. B. Je vous disais tout à l'heure que l'histoire peut rendre service pour comprendre ce genre de problème, pour réfléchir utilement là-dessus. En voici un autre exemple. Je vous rappellerai simplement qu'en 1850, au Québec, il y avait comme aujourd'hui deux grandes villes, Montréal et Québec. Dans ces deux villes, les Anglophones étaient majoritaires. C'était juste après l'échec de 1837-1838, après l'Acte d'Union, qui affaiblissait les Canadiens français comme jamais, qui les ramenait quasiment à la situation où ils étaient au moment de la Cession en 1763. Le Canada français était alors dominé économiquement, culturellement, socialement. Les Canadiens français de ce temps-là avaient toutes les raisons du monde de démissionner, de s'abandonner au pessimisme. Et, du reste, plusieurs l'ont fait. Étienne Parent, par exemple, trouvait inévitable que, dans un avenir assez rapproché, les

Canadiens français soient assimilés par les Canadiens anglais. Il encourageait même ses contemporains à se préparer à cette échéance. Un siècle et demi plus tard, nous en sommes tout de même assez loin.

L'enseignement et le goût de l'histoire

M. L. Vous parlez d'événements historiques. Je vais vous parler de l'enseignement de l'histoire dans nos écoles. C'est quelque chose sur quoi le Québec a le pouvoir complet. Or, on ne l'enseigne presque pas. Et il faut beaucoup de vigueur pour faire une transformation comme celle que vous proposez. Est-ce qu'on a cette vigueur-là si on n'est même pas capable d'enseigner l'histoire à nos enfants ?

G. B. Sur le fond du problème, je vous donne entièrement raison. Mais il y a quand même un certain nombre de choses qu'il faut rappeler. Je trouve qu'il y a eu un peu d'exagération. D'abord, le problème de l'enseignement de l'histoire touche le précollégial et le collégial. C'est beaucoup, mais la situation est très différente dans les universités, dans le domaine de la recherche, ou du côté des musées. Dans toutes ces institutions, le passé est plus à la mode que jamais. Le passé ne s'est jamais aussi bien porté. Et même en dehors de ces institutions, par exemple à la radio ou à la télévision, des rappels historiques remplissent maintenant l'imaginaire. Dans ce sens-là, dire que la conscience historique se porte mal, c'est pour moi un paradoxe, parce que la mémoire n'a jamais occupé autant de place.

M. L. Oui, enfin, l'anecdote historique est très à la mode. *Le Temps d'une paix*, Pointe-à-Callière, la place Royale …

G. B. Le passé peut être servi de différentes façons. Il y a la manière universitaire, qui est la manière savante, très spécialisée. Et puis il y a une manière plus accessible au grand public, c'est celle des musées, et une autre qui est encore plus accessible, c'est la télévision. Moi, je ne lève le nez sur aucun de ces médias. Je trouve que tout cela est bon. Et puis est-ce que vous pensez vraiment que, disons dans les années 1930 ou 1940, la population avait une conscience historique très développée? À quoi faut-il se comparer au juste pour évaluer la situation d'aujourd'hui? Au Canada anglais aussi, on parle d'une crise de l'enseignement de l'histoire. À l'époque, au Québec, on parlait beaucoup de Dollard Des Ormeaux et des saints martyrs canadiens. Je ne sais pas s'il y a beaucoup à regretter. On dit aussi que les musées, les médias n'offrent qu'une vue superficielle, anecdotique du passé; on souhaiterait des représentations plus approfondies, plus structurées, comme si cela avait déjà existé et s'était perdu en cours de route. Personnellement, j'en doute beaucoup. Sans doute, tout cela ne règle pas le problème que vous soulevez, bien sûr. Je tenais seulement à le ramener à ses justes dimensions.

M. L. Est-ce qu'il y a beaucoup de pays où on n'a pas enseigné l'histoire à l'école?

G. B. Non, il n'y en a pas beaucoup. Là, évidemment, vous mettez le doigt sur une déficience qui est tout à fait étonnante.

M. L. D'autant plus étonnante que ça dure tandis qu'il y a un gouvernement souverainiste à Québec.

G. B. Oui, mais le problème était apparu bien avant, et vous admettrez que le gouvernement péquiste a pris des mesures pour améliorer la situation. Quoi qu'il en soit, qu'on ait sacrifié l'enseignement de l'histoire entre le primaire et le cégep, c'est quelque chose qui est tout à fait surprenant, sans justification. Je suis entièrement d'accord avec vous. Mais il faut en parler comme d'un paradoxe. Ce n'est pas une démission collective. Parce que, encore une fois, l'histoire est très populaire autrement. Elle occupe une place importante dans notre société. C'est même un trait qui frappe les Européens. En outre, et je me plais à le souligner, ce n'est pas une conception passéiste ou nostalgique de l'histoire. Ce n'est pas un goût pour le passé à la manière d'un repli ou à la manière d'un refus du présent. Il y a quelque chose de neuf, ici. Avant 1940-1950, les Canadiens français avaient la réputation de cultiver le goût du passé comme un refus de l'avenir, comme une sorte d'alibi, comme un désistement. Tandis qu'aujourd'hui il me semble que nous avons fait pas mal de travail sur nous-mêmes, de ce côté-là. Nous avons redécouvert notre histoire, nous en sommes redevenus extrêmement friands, mais pas du tout sur le mode ancien. Au contraire, c'est fait sur un mode assez épanoui, à travers un nouveau regard qui est finalement plus tourné vers le présent et l'avenir que vers le passé, si vous me permettez cet autre paradoxe. C'est davantage pour enraciner un élan, pour nourrir une identité, qui à mon avis est extrêmement positive, très ouverte, et tout cela me paraît plein de santé.

M. L. Mais c'est justement extraordinairement contradictoire qu'on n'ait pas enseigné l'histoire à l'école. Est-ce que c'est parce qu'on ne savait pas quelle histoire enseigner?

G. B. Je ne crois pas. Il faudrait entrer dans les détails du dossier pour savoir exactement dans quelles circonstances l'enseignement de l'histoire a perdu du terrain depuis une vingtaine d'années. Ce que j'en sais, c'est qu'apparemment l'histoire a été victime d'un rapport de force entre les disciplines. Il fallait soit réduire des grilles horaires, soit y introduire de nouveaux enseignements; il fallait donc faire des choix, comprimer certains enseignements plutôt que d'autres. Et il y a des secteurs qui ont été mieux servis. L'histoire a été sacrifiée comme d'autres disciplines des humanités, comme la philosophie, par exemple.

M. L. Non, mais on parle de l'étape où les enfants arrivent au monde, la socialisation par l'école…

G. B. Je suis entièrement d'accord avec vous. Mais il faut tout de même ajouter qu'au moment où on se parle on voit des signes importants d'un revirement.

M. L. C'est donc du programme d'enseignement de l'histoire dans les écoles qu'il s'agit. C'est de cela que vous parlez?

G. B. Oui, mais même si on a enseigné l'histoire de moins en moins, il y a toujours eu des manuels et des programmes d'histoire nationale. Ce n'est pas le manque de manuels qui a fait obstacle à l'enseignement de l'histoire dans les écoles. Ce qui m'a amené à m'intéresser à l'histoire nationale, c'est que, dans l'esprit de bien des gens, il fallait la réformer; la manière dont on l'enseignait traditionnellement ne satisfaisait plus, il fallait l'adapter elle aussi à la nouvelle réalité pluriculturelle du Québec. En somme, puisque l'identité était entrée en transition en même temps que tout le modèle de la nation, la mémoire aussi devait suivre.

Ce qui m'intéresse en particulier dans la réflexion sur la nouvelle histoire nationale, c'est qu'il faut, encore là, ouvrir le cercle de la mémoire; comme on dit : ouvrir le cercle de la nation. Il faut ouvrir le cercle de la mémoire de façon à rendre l'histoire des Canadiens français accessible et intelligible pour les non-Canadiens français. C'est cela, le défi : rendre ce passé significatif pour ceux avec qui les Canadiens français n'ont pas vraiment d'expérience commune.

Une histoire pour tous

M. L. Vous présentez ça comme le premier objectif, rendre l'histoire nationale intelligible aux non-Canadiens français.

G. B. La rendre intelligible, accessible et pertinente pour des non-Canadiens français. J'insisterais sur la pertinence. Parce que le problème de l'ancienne histoire nationale canadienne-française, c'est qu'elle ne s'adressait qu'aux Canadiens français. Elle racontait le drame des Canadiens français, leurs luttes, les injustices dont ils ont été victimes. Elle voulait en convaincre la jeune génération, la pénétrer de la nécessité de continuer les luttes pour la culture canadienne-française, les luttes constitutionnelles contre le Canada anglophone, etc. Elle était enseignée non seulement dans un esprit d'acculturation ou d'identification, mais dans un esprit militantiste aussi, pour former des acteurs qui poursuivraient le combat. À l'époque dont on parle, cela ne faisait pas problème. Ce genre d'histoire remplissait une fonction indispensable dans la société qu'était le Canada français ou le Québec de cette époque. Et toutes les nations se racontaient leur histoire de cette manière, y compris le Canada anglophone.

Mais aujourd'hui nous savons que ce discours doit être modifié ; il doit être amendé et adapté au contexte pluriethnique du Québec. Parce qu'une histoire nationale doit par définition s'adresser à tout le monde. Pour un certain nombre d'observateurs, la mémoire du passé canadien-français risque de se diluer, elle risque de se perdre dans cette opération d'élargissement. Pour ma part, je ne suis pas d'accord avec cela. Je crois qu'on peut reproduire le passé canadien-français dans un discours qui soit plus universel, qui lui donne plus de rayonnement, et finalement plus de force qu'il n'en avait auparavant. Et l'un des moyens principaux d'y arriver, c'est de faire ressortir ce qui, dans notre histoire, ne nous est pas singulier ou spécifique, ce qui ne relève pas d'un drame uniquement canadien-français, mais, au fond, de phénomènes qui sont universels.

M. L. Mais comment procède-t-on pour réécrire l'histoire ? Est-ce qu'il faut faire avec l'ensemble des événements et des mouvements sociaux du passé ce que vous avez fait avec l'évolution de la population du Saguenay de 1840 à aujourd'hui ? C'est évidemment impossible. Alors, qu'est-ce qu'il faut faire ?

G. B. À la limite, il n'est même pas nécessaire de produire de nouvelles données ou de mettre au jour de nouveaux faits. Souvent, il pourrait suffire de présenter autrement ceux que nous connaissons déjà. Un bon exemple, c'est la question de la dépendance coloniale. Le Canada français est devenu une colonie de la Grande-Bretagne après 1760, et ce jusqu'en 1867. La façon dont, traditionnellement, on rendait compte des problèmes auxquels les Canadiens français ont dû faire face à cause de cette situation coloniale, c'était de les inscrire dans les luttes linguistiques, de montrer les injustices constitutionnelles dont les Canadiens français ont été victimes et contre lesquels ils se sont défendus sans relâche. La reconstitution de cette réalité, de ces séquences événementielles, était exacte mais elle était enveloppée dans un discours qui l'enfermait dans le contexte canadien, comme s'il était exceptionnel, sinon unique ; qui l'enfermait dans sa singularité. Évidemment, un message de ce genre inculquait d'une manière efficace les sentiments très vifs que vous devinez, en particulier à l'endroit du Canada anglophone.

M. L. Et le sentiment d'humiliation ?

G. B. Bien sûr, le sentiment d'humiliation, parfaitement fondé d'ailleurs, mais la question n'est pas là. Le problème, c'est que

ce discours était formulé de telle manière que seul un Canadien français pouvait vraiment vibrer à ce message. Prenons
l'exemple du sentiment d'humiliation, justement. Est-ce bien
le sentiment que doit viser à produire une histoire nationale
qui entend aujourd'hui s'adresser à l'ensemble des Québécois ? Il y a une autre façon de construire le discours historio-
graphique, qui ne lui enlève pas de force mais qui procède
autrement. Il s'agit d'insérer toutes ces réalités, toutes ces
expériences collectives difficiles dans une analyse comparée
du colonialisme, dans une problématique générale qui ouvre
les expériences singulières les unes sur les autres, et qui en fait
voir la logique fondamentale. Quand on adopte cet éclairage,
tout de suite on entre dans l'universel. On donne à la singularité canadienne-française un tout autre rayonnement, tout en
la rendant bien plus intelligible.

Si vous vous adressez à des non-Canadiens français ici au
Québec et que vous traduisez cet aspect du passé canadien-
français en ces termes, ceux d'une dynamique coloniale et
impériale avec tous les phénomènes de dépendance qui y sont
associés, et si, en plus, vous articulez cette reconstitution à
une démarche comparative, vous aurez des chances d'être
compris de tout le monde. Car la plupart des immigrants
ont une connaissance, sinon une expérience, du lien colonial, dans l'une ou l'autre de ses extrémités : du point de
vue de la société dépendante ou du point de vue de la société dominante. Et chacun trouvera profit à connaître un
bout qu'il n'a pas vécu. Au Canada français et au Québec, il
y a un point de vue, un bout qu'on connaît bien ; il s'agit de
le formaliser, de le traduire en termes universels à l'aide
de la comparaison. Je ne vois pas ce que l'on pourrait diluer ou sacrifier d'essentiel en procédant de cette façon. Ce
serait plutôt le contraire. Une histoire nationale conçue
de cette manière donnerait plus de force à la démonstration et
remplacerait l'émotion agressive par une connaissance, une

conviction rationnelle. S'il est vrai qu'il y a eu domination, cela doit pouvoir se démontrer dans une démarche scientifique. J'ai pris l'exemple du lien colonial, mais je pourrais prendre bien d'autres exemples : le ruralisme, la fécondité élevée, les « porteurs d'eau »… Toutes les facettes du passé québécois peuvent être traitées de cette manière.

Ne pas avoir peur de se comparer

M. L. Et tout ça donnerait une nouvelle histoire… À quoi verrait-on la différence?

G. B. Une des façons qui marqueraient une différence, ce serait de faire une grande place à l'histoire comparée, ce qu'on n'a jamais fait jusqu'à très récemment. Dans ce sens-là, je dis que notre histoire nationale était enfermée dans sa singularité. Pas à cause de la singularité elle-même, bien sûr, mais à cause de la façon dont on la traitait. Il faudrait, pour atteindre l'objectif dont je vous parle, assortir cette histoire nationale de perspectives comparées importantes. Aller voir dans d'autres sociétés pour montrer que, sous des traits différents, dans des contextes singuliers là aussi, on vivait des expériences analogues. Il faudrait prendre des exemples dans des contextes très variés, et montrer dans chaque cas comment cette situation coloniale a évolué, comment elle s'est transformée. Et reporter, situer sur cet arrière-plan général l'expérience canadienne-française.

Ce serait une manière d'en faire ressortir à la fois la singularité et la dimension universelle. Ce serait une façon de l'ouvrir, de la rendre plus accessible, plus intelligible et plus intéressante pour les non-Québécois, et pour les Canadiens français aussi, d'ailleurs. On n'aurait pas l'impression, en étudiant cette histoire nationale, de s'enfoncer dans une histoire locale. On aurait plutôt le sentiment d'apprendre quelque chose qui ouvre sur une réflexion plus générale, plus riche. En même temps, la dimension identitaire resterait présente à cause des singularités de ce passé qui s'est incarné dans des personnages, des lieux, des événements dont nous gardons la trace aujourd'hui.

Quant au problème posé par le fait que les Canadiens français n'auraient pas d'expérience, de passé commun avec les non-Canadiens français, ce n'est pas tout à fait vrai. On peut faire toute l'histoire des relations ou des interactions entre les groupes ethniques du Québec, en dépit du fait que ces relations ont souvent été négatives. Même dans l'exclusion, il y a un rapport collectif. Faisons l'histoire de ces rapports, pour montrer comment ils ont évolué avec le temps, pour montrer aussi tout ce qu'il resterait à faire pour les modifier.

L'erreur d'Einstein

M. L. C'est curieux, le sentiment que j'ai quand je vous écoute ; c'est que, pour le profane, l'histoire est un constat. Les historiens sont des gens qui sont capables de fouiller des documents pour retrouver le passé ; trouver un certain sens en regardant l'évolution politique et tout ça. Alors, on n'est peut-être pas prêt à penser que l'histoire, c'est quelque chose qui peut se réécrire. Là vous m'expliquez que l'histoire, bien, ça se construit selon les besoins des sociétés. Ce n'est pas nécessairement raconté de la même façon cinquante ans après ou cinquante ans avant. Et ce n'est peut-être pas nécessairement non plus la même histoire exactement. C'est un peu troublant. On n'est plus sûr de rien, même pas en histoire.

G. B. Non, et on ne l'a jamais été non plus. C'est une illusion tenace. La mémoire n'est pas plus immobile que l'identité. Et pour cette raison, on pourrait dire que, jusqu'à un certain point, le passé est imprévisible lui aussi, comme l'avenir. L'identité bouge tout le temps et, parallèlement, les historiens s'emploient à chaque génération à refaire, à réadapter le regard sur le passé. Les historiens ne font que cela, d'une génération à l'autre. Ils ne font que cela dans leurs colloques, dans leurs recherches, leurs publications. Ils négocient des réaménagements, des visions et des révisions du passé. Ça peut amener quelqu'un à dire : « Mais l'histoire, ce n'est donc pas une science. » Alors qu'en fait, dans toutes les sciences, c'est un peu la même chose.

M. L. Dans toutes les sciences ?

G. B. Mais bien sûr. La médecine, la biologie, la physique. La physique, c'est bien scientifique pourtant. Mais qu'est-ce que Einstein a fait au début du XXe siècle ? Il a révolutionné la physique. Pas en ajoutant de nouvelles données, de nouvelles connaissances, mais en changeant le regard que la physique portait sur son objet. En gros, il a dit aux scientifiques : « Vous êtes très exacts, très rigoureux, très "scientifiques", mais votre perspective n'est pas bonne ; ce n'est pas du tout de cette façon qu'il faut regarder les phénomènes physiques. C'est à travers la relativité qu'il faut voir tout cela. » Ça a été une révolution. Tout le monde a fini par dire : « Mais c'est vrai. On voyait tout de travers. Maintenant, il faut voir les choses autrement. » C'est tout à fait l'équivalent de ce que font les sociologues quand ils passent du marxisme au fonctionnalisme. Ou de ce que font les historiens quand ils délaissent la biographie des hommes illustres pour s'occuper des structures sociales.

Dans l'étude que les physiciens faisaient de la lumière dans les années 1910, 1920, il y avait deux théories qui s'opposaient : pour certains, la lumière était composée de corpuscules ; pour d'autres, c'était des ondes. Il y avait la physique corpusculaire et la physique ondulatoire. C'était un peu comme dans les congrès d'historiens où il y a des souverainistes et des fédéralistes... Les physiciens, eux, se disputaient sur la façon dont il fallait voir la lumière. Les uns et les autres étaient pourtant bien des scientifiques, comme vous dites.

Et Einstein lui-même, plusieurs années plus tard, le grand Einstein, après avoir découvert la relativité, s'est engagé dans un immense effort de recherche qui était voué à l'échec, parce qu'il abordait la physique nucléaire avec une vision (c'est-à-dire des présupposés, des prémisses) qui n'était pas la bonne. Les nouveaux physiciens proposaient l'hypothèse selon laquelle ce domaine échappait aux canons traditionnels de la science, que c'était le domaine d'un certain désordre, du non-prévisible, qu'il relevait du hasard et des probabilités. Il échappait donc à la vieille vision de la régularité, de l'ordre, de l'exactitude à laquelle la science était habituée. Mais Einstein était réfractaire à cette idée-là, à cause de ses convictions religieuses.

Pour Einstein, l'univers avait été créé par Dieu et à son image. L'architecture de l'univers devait refléter la perfection de son créateur. Donc cet univers devait être géométrique, parfaitement symétrique. Tout cela l'a égaré sur des voies qui n'ont mené nulle part. Pendant les dernières années de sa vie active comme chercheur, Einstein, qui était toujours aussi génial et qui savait toujours calculer correctement, il ne faut pas en douter, a fait des choses très brillantes mais qui n'ont à peu près rien donné de substantiel. Tout cela à cause d'une idée religieuse qui était le fondement de sa démarche scientifique : le refus du désordre. « Dieu, disait-il, ne joue pas aux dés avec l'univers. » Et pourtant, à supposer que Dieu existe, il semble bien que ce soit exactement ce qu'il fait. Du moins dans l'ordre de l'infiniment petit...

M. L. Il faut éviter l'erreur d'Einstein !

G. B. C'est la même chose dans toutes les disciplines. L'histoire de la biologie, par exemple, est extraordinaire de ce point de vue. La science est une démarche de connaissance qui consiste, dans son acte initial, à poser sur une réalité quelconque un regard qui fait apparaître une aire d'opération ou d'observation. À l'intérieur de cette aire, toutes les sciences sont aussi rigoureuses les unes que les autres, l'histoire autant que la physique ou que l'archéologie. Ce qui les distingue, c'est la façon de délimiter cette aire. Si vous étudiez le comportement du trottoir de ciment que je vois derrière votre maison pour évaluer comment il réagit au froid et à la chaleur, vous avez bien des chances d'atteindre un très haut degré de précision, de paraître extrêmement « scientifique ». Comme l'a dit Jacques Prévert, Isaac Newton est primé tous les ans à l'Exposition internationale de la gravitation universelle. Mais si vous décidez d'observer le mouvement des sociétés sur un siècle ou deux, vous vous trouverez devant des matières qui sont beaucoup plus friables, qui ressemblent davantage à la poussière des particules de la physique nucléaire.

Les économistes, qui travaillent avec des simulations mathématiques extrêmement sophistiquées, n'en sont pas moins parmi les scientifiques les plus imprécis que je connaisse. Au milieu des années 1990, les économistes américains ont mis du temps à comprendre pourquoi l'économie des États-Unis demeurait solide quand une crise sévissait en Asie et débordait sur l'Amérique latine, et quand l'Europe elle-même était en ralentissement. L'économie américaine continuait de progresser et continue de le faire au moment où on se parle. Mais, pendant six mois, les économistes qu'on interviewait aux tables rondes de PBS étaient incapables d'expliquer pourquoi. C'étaient pourtant d'excellents économistes, parfois des prix Nobel. Mais l'objet que la science économique s'est dessiné est extrêmement complexe et il obéit à d'innombrables variables dont le mouvement ne se laisse pas aisément mettre en formule, comme c'est le cas avec la chute des corps ou la dilatation des matériaux sous l'effet de la chaleur. Sous ce rapport, vous admettrez que la partie est plus difficile quand un scientifique essaie de voir clair dans le présent et l'avenir de la nation ! En compagnie d'un journaliste en plus...

Il faut être prudent sur ce terrain. Sinon, il faudrait congédier tous les philosophes, tous les politologues et tous les psychiatres, avec les météorologues. Moi, comme historien, je suis assez à l'aise avec l'idée qu'on doive constamment modifier nos interprétations, nos conclusions, changer nos éclairages même. Il faut préciser que, d'une génération à l'autre, l'historien n'obéit pas toujours aux mêmes priorités ; il ne cultive pas toujours les mêmes curiosités, les mêmes interrogations, et pas sous le même angle. L'historien obéit aux priorités que lui assigne la société dans laquelle il vit ; il oriente ses recherches en fonction des problèmes actuels.

Mais vous savez que l'historien, s'il le voulait, pourrait être toujours parfaitement exact et son savoir serait définitif. Il s'en tiendrait tout simplement à la chronologie. Il dirait : « L'affrontement sur les plaines d'Abraham, c'était en 1759. Il a duré tant d'heures. Les chefs étaient un tel et un tel. Il y avait tant de soldats qui étaient équipés de telle et telle manière. » On pourrait être d'une exactitude infinitésimale si on voulait, mais ce serait parfaitement inintéressant. Les résultats de nos travaux n'auraient aucun intérêt, aucune pertinence compte tenu des problèmes de la société dans laquelle nous vivons. L'histoire ne serait d'aucun secours pour aider les contemporains à voir un peu plus clair dans l'actualité, pour les aider à comprendre comment ils en sont venus là, quelles sont les tendances porteuses. Autrement dit, l'historien a le choix entre deux positions : ou bien être de son temps, être utile à la société dans laquelle il vit, ou bien être parfaitement exact, comme Isaac Newton, mais complètement inutile.

Et puis le regard qu'il projette sur le passé pourrait être immobile aussi. L'historien pourrait encore travailler aujourd'hui sur l'intervention de la Providence dans l'issue des conflits armés, ou sur la pureté des mœurs au sein de la famille rurale canadienne du XVIIIe siècle. Je ne suis pas sûr que c'est ce que vous souhaitez, et vous avez raison. Parce que, comme citoyen de l'an 2000, vous avez d'autres préoccupations : où va la nation ? le citoyen est-il en train de perdre l'autonomie qui lui reste ? comment éviter la discrimination dans une société pluriethnique ? Est-il possible de réduire les inégalités dans une société ? Quelle est notre capacité de changer les choses ? En fait, c'est vous qui établissez l'ordre du jour de l'historien ; c'est vous qui fixez ses priorités de travail et l'angle sous lequel il doit explorer le passé. Dans trois générations, ce sera autre chose. Ce n'est pas un problème. C'est comme cela que la connaissance se construit et se reconstruit. L'important, c'est que la démarche soit rigoureuse, une fois qu'on lui a assigné son objectif, sa finalité.

CHAPITRE XI

L'État

M. LACOMBE. Nation, culture publique, culture commune, langue d'usage public, enfin…, est-ce que c'est particulier au Québec de penser la vie en termes de groupe, en termes de droits collectifs? Est-ce qu'au contraire, depuis plusieurs années, le monde n'a pas accordé une suprématie absolue aux droits individuels et est-ce qu'on ne fait pas un peu figure de retardataires?

G. BOUCHARD. Non, je ne crois pas, et nous sommes loin d'être isolés. Il est vrai que, depuis la chute du communisme en Europe, l'idéologie libérale refait surface avec une vigueur renouvelée et veut accréditer l'idée qu'au fond une société, c'est un ensemble d'individus libres, autonomes, rationnels, dont chacun choisit, élabore lui-même son destin, prend ses décisions pour lui-même et en est responsable.

M. L. C'est l'idéal de la Révolution française, c'est l'idéal de la République américaine.

G. B. C'est davantage l'idéal de la République américaine que celui de la Révolution française. Encore qu'aux États-Unis il y ait eu bien d'autres courants idéologiques importants.

M. L. Liberté, égalité, fraternité, quand même!

G. B. Vous voyez qu'on trouve tout de même la notion de fraternité là-dedans, ce qui nous ramène vers le collectif. Mais enfin, à travers l'accent mis sur le citoyen, il y avait un individualisme prononcé dans le programme de la Révolution française et dans la Constitution, celle de 1793 en particulier. En ce sens-là, on peut dire qu'il existe des ressemblances entre la France et les États-Unis. Mais, comme vous le savez, de nombreux autres pays d'Occident ont adopté l'idéologie libérale; on parle ici d'un courant international qui a connu toutes sortes de prolongements, qui a fondé l'idée de la tolérance, le droit à la différence, la démocratie et toute la théorie de la citoyenneté. Ce n'est pas rien. Mais dans certains de ses prolongements, c'est une idéologie qui devient un peu contradictoire ou excessive. Par exemple quand elle conduit à nier la réalité et la légitimité des droits collectifs.

Droits collectifs

G. B. Finalement, si vous mettez un ensemble d'individus dans un espace donné, la première chose qu'ils vont faire, c'est de créer de la culture; ils vont développer des structures sociales, ils vont fabriquer du collectif. Ils auront besoin de communiquer, ils vont donc se donner des instruments, des repères. Ces repères vont se transmettre, se perpétuer et, avec le temps, ils vont se figer dans des symboles, des traditions, des représentations collectives dont les individus seront nourris. Sur le plan économique et social, des inégalités vont se créer, qui vont elles aussi se reproduire, à la façon de structures, grâce à des mécanismes sociaux comme l'héritage, l'accès inégal à l'enseignement supérieur, par le fait de l'inégalité des chances. Des classes sociales prennent forme aussi, des rapports sociaux de domination, des prises de contrôle de certaines institutions publiques comme l'État, et le reste. Tout cela échappe en grande partie à la portée de l'individu. En ce sens, l'idéologie libérale relève un peu du mythe ; elle convient surtout aux membres des classes privilégiées.

Sur le plan culturel, par exemple, l'individu ressent presque toujours le besoin de s'insérer dans une mémoire. Cette mémoire est ensuite individualisée, mais, quand on la décompose, on s'aperçoit qu'elle est fabriquée de toutes sortes de fragments qui ont été fournis par la société ou la communauté. Si vous prenez l'exemple des droits individuels, à première vue, la théorie libérale paraît très cohérente sur ce point. L'individu n'a pas besoin de la société. Il suffit d'un État qui fasse respecter son droit. Mais pour que ce droit puisse être respecté par tous les individus, il faut bien qu'il s'appuie sur des croyances, des valeurs partagées, et nous voilà encore une fois ramenés à la culture et au collectif. À tout prendre, mon droit n'existe que si vous le reconnaissez. Et vous, il faut que vous ayez des raisons pour le reconnaître. Il faut que vous adhériez à une certaine représentation de ce que doit être la société, que vous ayez une certaine idée des valeurs sur lesquelles elle doit être fondée, que vous soyez acculturé à un certain nombre de représentations collectives. Ainsi, on revient toujours à la même chose : la place importante du social, du collectif, à côté de l'individuel, en interaction avec lui.

M. L. Vous voulez réconcilier ainsi droits individuels et droits collectifs ? Vous croyez que le credo libéral des droits individuels n'entraîne pas la mort de l'ethnicité ?

G. B. Le credo individualiste et libéral n'entraîne évidemment pas la fin de l'ethnicité. Il commande cependant une autre manière d'aménager les rapports interethniques. Je veux dire que ce n'est pas l'ethnicité qui fait problème, c'est l'ethnicisme. L'ethnicisme, c'est pratiquer la discrimination au nom de l'ethnicité, au nom d'un groupe ethnique qui se décrète supérieur à d'autres. Mais l'ethnicité en elle-même constitue une production inévitable de toute vie collective. Finalement, c'est le nom sous lequel on désigne l'ensemble des phénomènes qui se produisent lorsque des individus vivent ensemble, c'est-à-dire toute la vie symbolique, la langue, les manières de faire qui sont propres à une collectivité donnée. Cela comprend aussi la mémoire, les rituels, la religion, etc.

Si l'on veut, l'ethnicité, c'est la culture au singulier. On pourrait dire qu'en elle-même la culture ne connaît pas de limites, elle est universelle : des valeurs, des représentations de soi et des autres, des visions du monde ou de l'avenir, un langage pour communiquer, une conception du monde et, peut-être, de l'au-delà. Tandis que l'ethnicité, c'est la culture inscrite dans un lieu et un temps donnés. C'est la culture dans toute la variété de ses figures particulières, traduite dans une collectivité et une histoire. C'est fondamentalement légitime, inévitable et indispensable. Ce qui est condamnable, c'est la hiérarchisation décrétée par un groupe aux dépens des autres pour justifier une discrimination. C'est cela que le droit libéral condamne, et à juste titre.

Cette distinction entre culture, ethnicité et ethnicisme est très importante. Il règne une grande confusion autour de ce sujet. Et vous remarquerez que la plupart des auteurs qui condamnent l'ethnicité évitent de la définir précisément. C'est très étrange.

Droits individuels

M. L. Mais il y a encore beaucoup de gens qui croient que droits individuels et droits collectifs s'opposent carrément.

G. B. Dans plusieurs situations, c'est le cas en effet. Mais on aurait tort, à partir de là, d'abolir la notion de droits, de certaines prérogatives d'ordre collectif. On peut facilement démontrer que l'individualité ne se suffit pas, qu'elle s'appuie toujours sur du collectif, qu'elle s'en nourrit constamment. Le modèle ou l'archétype de l'individu représenté dans l'idéologie libérale, cela correspond à quoi concrètement dans notre société? Cela correspond à des gens qui ont un cours universitaire, qui exercent une profession prestigieuse, qui sont bien payés et qui sont protégés de toutes les manières par la société. À ces conditions évidemment, ils peuvent être autonomes. Mais c'est le cas d'une minorité.

M. L. Les gens qui ont les moyens, quoi!

G. B. Bien oui. Les gens de la classe ouvrière, les journaliers, les chômeurs, tous ceux qui sont marginalisés d'une façon ou d'une autre, qui ne sont pas nés à la bonne place, ceux-là, il faut qu'ils soient protégés. Ils n'entrent pas complètement dans le modèle libéral, ceux-là, parce que justement il leur manque les avantages collectifs, les avantages culturels ou économiques dont les autres ont bénéficié. Il leur manque tout ce que la collectivité a donné à une minorité d'individus et qu'elle n'a pas donné à d'autres. Moi, l'individu affranchi et autonome représenté par l'idéologie libérale m'intéresse et me séduit. Mais, comme sociologue et historien, je m'intéresse aussi à la société, aux structures sociales qui rendent cet individu possible. Or, les mêmes structures font que ce privilège est refusé à d'autres.

C'est pour cette raison qu'il faut introduire des droits collectifs, pour protéger ces gens-là. Autrement, on s'inscrit non pas dans la rationalité idéale de l'individu émancipé, mais dans le statu quo et la reproduction des privilèges et des inégalités. Parce que concrètement la société ne fonctionne pas comme le voudrait l'idéologie libérale : l'égalité des chances, la concurrence loyale des talents, l'effort individuel récompensé, l'arbitrage neutre de l'État, ce sont des idéaux vers lesquels il faut tendre ; en ce sens-là, vous ne trouverez pas plus libéral que moi. Mais il faut être réaliste aussi. Le jeu social est infléchi de toutes sortes de manières. Les distorsions s'inscrivent dans des structures et se perpétuent. Pour compenser ces effets pervers, il faut agir aussi sur le plan collectif, pas seulement sur le plan individuel.

À certaines conditions, je crois que le même raisonnement vaut pour les rapports entre nations ou entre groupes ethniques. Là aussi, des redressements, des mesures particulières, d'ordre collectif, peuvent devenir nécessaires parfois, comme on le voit avec les Autochtones, entre autres.

M. L. Tout ça peut se faire sans nécessairement un État souverain. Vous décrivez des phénomènes de culture, vous parlez de transformation de la culture, de transformation de la notion d'appartenance à une société, du sentiment d'appartenance, du partage, de la solidarité, des formes de solidarité possibles dans ce nouveau monde-là, plus diversifié. Ça peut se faire dans à peu près n'importe quel contexte politique ?

G. B. Cela peut se faire plus ou moins bien, plus ou moins complètement, selon le contexte politique. Prenons l'exemple de la langue. Dans le contexte québécois, est-ce que la langue française est mieux protégée par le gouvernement fédéral ou par le gouvernement québécois ? Moi, j'ai mon opinion. Vous avez sans doute la vôtre, vous aussi.

M. L. Mais c'est le gouvernement québécois de toute façon.

G. B. Oui, mais c'est le gouvernement canadien aussi, parce que le bilinguisme relève d'une loi fédérale. Il y a une superposition de juridictions contradictoires. Par ailleurs, la Charte canadienne des droits adoptée en 1982 impose des limites aux moyens que le Québec voudrait prendre pour protéger la langue française. Je vous rappelle qu'en vertu de cette Charte on a déjà amputé considérablement la loi 101 de dispositions importantes qu'elle contenait au départ. Et puis, quand on parle de la nation québécoise, on ne parle pas seulement de la langue, il s'agit d'une culture aussi. Il s'agit d'une culture et d'une société que les Québécois voudraient édifier comme ils l'entendent, en fonction de leurs traditions, de leurs idéaux, en fonction des consensus qu'ils établissent entre eux.

M. L. Est-ce que vous parlez de la forme de solidarité sociale qui prévaudrait dans cette société?

G. B. Cela comprend des éléments de solidarité, bien sûr, et de cohésion collective comme dans toute autre société. Mais pour réaliser cet objectif d'une façon complète, il faut bien qu'il y ait un État avec des pouvoirs suffisants pour aménager toutes ces réalités, pour concrétiser des choix, pour favoriser des concertations, prendre des décisions, implanter des programmes, en assurer le suivi, etc. Il faut un État disposant de moyens qui sont ceux de tous les États souverains. Voilà pourquoi, à mon avis, le modèle de la nation québécoise doit s'appuyer sur un État souverain. Bien sûr, on peut se satisfaire de versions amputées, de versions diminuées de ce modèle. À ce moment-là, on peut le trouver compatible avec l'option fédéraliste.

Mais dans mon esprit, ces deux objectifs que sont l'idéal d'une nation québécoise comme francophonie pluriethnique et celui de la souveraineté sont très liés. L'un ne va pas sans l'autre.

M. L. On s'est quand même rendu là où on est.

G. B. Nous en sommes rendus là, mais nous pourrions être rendus beaucoup plus loin.

Plaidoyer pour l'État

M. L. Vous croyez beaucoup à l'État, vous croyez que l'État a perdu des pouvoirs mais qu'il les récupérera sans doute. Et que, de toute façon, la politique est le seul instrument des sociétés pour s'exprimer. Mais est-ce que vous pensez qu'il y a des choix, qu'on peut encore faire des choix de société, qu'on peut encore choisir de mener une société différemment de son voisin aujourd'hui?

G. B. On pourrait prendre l'exemple de l'État québécois, mais ce n'est pas le meilleur, parce qu'il est amputé de deux façons. Il est amputé par le fait qu'il ne peut pas exercer certains pouvoirs dans le cadre fédéral. Et puis il est amputé comme tous les États par la mondialisation. Mais prenez tous les exemples que vous voulez, et vous constaterez que l'État conserve un rôle déterminant dans la mondialisation. C'est évident si on se réfère aux États qui ont pris le leadership dans la mondialisation, ceux du G7 par exemple. C'étaient les plus puissants et ils se sont vite organisés pour assurer leur place. On parle aussi du Groupe des vingt, maintenant. À côté d'eux ou derrière eux, il reste tous les autres États qui ont un peu raté le train et qui se retrouvent devant le fait accompli de la mondialisation. Mais ceux-là prennent aussi leur place peu à peu, à la manière des membres du G7 mais suivant d'autres voies, comme on a pu le voir dans l'opposition à l'AMI ou dans l'offensive en faveur de la diversité culturelle. La mondialisation a créé un cercle organisé selon un mode hiérarchique mais où les États souverains demeurent des acteurs essentiels.

Finalement, l'État devient encore plus important comme instance pour se défendre contre les effets d'une mondialisation sur laquelle les populations n'ont guère de prise. De ce point de vue, l'État garde des pouvoirs décisifs, de deux manières. D'abord à l'extérieur, ces États qui ne sont pas des leaders internationaux sont en train d'élaborer de nouvelles stratégies pour agir quand même efficacement, par exemple en contractant des alliances avec d'autres États. La mondialisation, c'est un cadre ouvert à tout le monde et on peut y jouer ses cartes de bien des façons. Il y a plusieurs modes d'emploi de la mondialisation. La défaite qu'a subie l'Accord multilatéral sur l'investissement, c'est une des meilleures nouvelles qui pouvaient arriver, de ce point de vue.

M. L. Peut-être qu'il faut croiser les doigts. C'est peut-être une défaite temporaire. Dans le grand monde des affaires, ou dans le monde des grandes affaires, comme on veut, on a l'habitude des défaites qu'on récupère quelques mois ou quelques années plus tard.

G. B. Il n'y a pas de victoire définitive, et il n'y a peut-être pas de défaite définitive non plus. Mais enfin, il y a d'autres exemples. Comme celui que j'évoquais à l'instant : le combat pour la diversité culturelle qui est en train de mobiliser une coalition importante d'États dans le monde (trente-trois en ce moment) et qui est largement dirigée contre les États-Unis.

M. L. Oui, la France fait alliance avec le Canada et non pas avec le Québec là-dessus.

G. B. C'est-à-dire que la démarche inclut le Québec dans l'esprit des Français. Mais parce que c'est une coalition d'États souverains, forcément la démarche passe par les capitales des pays. C'est une autre histoire. Mais cette possibilité qu'on voit émerger, d'alliances entre États pour agir contre les plus grands ou pour modifier l'ordre international, suscite quand même un espoir qui n'était pas évident il y a dix ans par exemple. On voit aussi à l'échelle européenne un phénomène extrêmement intéressant. C'est celui des alliances entre grandes villes, entre métropoles. C'est devenu très important au sein de la communauté européenne, des ententes à vocation économique, à vocation environnementale ou culturelle. Et c'est très puissant, très actif. La mondialisation, c'est aussi un chantier ouvert. Il faut avoir de l'imagination.

M. L. Mais ça, oui, de l'imagination, c'est parfait, sauf qu'il faut avoir les moyens de ses ambitions. Or, par exemple, là où ça compte, là où la solidarité s'est exprimée depuis l'invention de la démocratie, c'est dans le partage de la richesse par les programmes de santé et d'éducation. Les États n'ont plus les moyens de leurs politiques là-dessus et il ne manque pas de gens pour dire que c'est terminé. Et on dit qu'à la limite il ne pourra plus y avoir de politiques de santé, même pas de politiques de formation de la main-d'œuvre différentes d'un État à l'autre, parce que les moyens s'uniformisent, parce que l'économie s'uniformise, parce que la taxation…

G. B. Vous parlez là de deux problèmes différents : le problème de l'uniformisation et celui du manque de fonds. Si on se réfère au Québec, le problème du manque de fonds n'est pas si évident. Considérez les surplus actuels du budget fédéral ; on voit bien qu'il existe aussi un problème de réaffectation ou de distribution des fonds. S'ajoute à cela un problème conjoncturel. Le Québec est en rattrapage budgétaire ; c'est une situation provisoire.

M. L. On a encore une dette énorme.

G. B. Cela fait partie du même problème; on peut penser que cela aussi relève d'une conjoncture — mais je vous concède que c'est une conjoncture longue! Pour ce qui est de l'uniformisation, il est certain que la mondialisation crée des contraintes lourdes; les États n'ont pas le choix de se conformer ou non à plusieurs aspects du nouvel ordre mondial. Mais il faut quand même aussi rappeler, et c'est le deuxième aspect que j'allais souligner tout à l'heure, que les États gardent un pouvoir très important à l'intérieur. Ce sont eux qui contrôlent la citoyenneté, l'identité, la mémoire, l'appartenance, donc toute la culture, mais aussi l'éducation, la recherche, la formation, la santé, tout l'aspect social, tout ce qui concerne la redistribution. Enfin, les Parlements gardent tout de même un mot à dire dans les politiques fiscales, commerciales et monétaires. C'est un lot qui n'est pas négligeable.

M. L. Mais avec les moyens qu'il leur reste.

G. B. Oui, mais il subsiste des moyens assez considérables tout de même, surtout dans la perspective d'actions conjointes sur le plan international. La mondialisation, quand on y pense, c'est une structure qui demeure largement appuyée sur les acteurs que sont les États et qui se prête à diverses formes d'intervention. Mais seuls les États souverains peuvent agir.

Finalement, je serais tenté de retourner votre argument. S'il est vrai, comme vous le dites, que la mondialisation compromet tellement les États souverains, l'avenir est donc encore bien plus sombre pour un morceau d'État comme le Québec. Et puis, si les États-nations sont devenus impuissants et inutiles, vous conviendrez qu'on n'en voit pas beaucoup qui songent à renoncer à leur souveraineté, à fermer boutique. On constate plutôt que le membership de l'ONU ne cesse de s'accroître. Ce que l'on voit présentement, c'est que les États-nations sont en redéfinition; ils élaborent de nouvelles stratégies, se donnent de nouveaux rôles et se rendent peut-être plus utiles que jamais. Alors, pourquoi ce qui demeure bon pour les autres ne le serait-il pas pour le Québec?

Vous voyez, finalement, que je suis un partisan de la nation au pluriel, à l'échelle locale, et de la pluralité des nations à l'échelle mondiale.

En guise de conclusion

G. B. Je voudrais simplement souligner que, en abordant le sujet de la nation d'aujourd'hui et de ce qu'elle pourrait devenir, je me prononce non seulement comme citoyen ou comme sociologue, mais autant comme historien. Je me sens parfaitement à l'aise comme historien pour réfléchir à ces sujets-là. Il me semble qu'on a une image déformée, trop restrictive, de ce qu'est l'historien. Pour moi, il n'est pas vraiment un spécialiste du passé. L'historien est un spécialiste du présent, comme le sociologue, comme le politologue ou l'économiste. Sauf que les moyens qu'il apporte pour essayer de comprendre un peu mieux l'actuel, c'est la rétrospective, c'est la maîtrise des reconstitutions du passé dans la mesure où elles peuvent aider à comprendre ce qui se passe maintenant, ou ce qui se prépare pour l'avenir. Pour moi, c'est cela, l'historien. C'est un spécialiste du présent, mais sa technique ou son expertise est différente.

Sa contribution, c'est la compréhension des rétrospectives, des tendances longues, des racines perdues ou lointaines. En simplifiant beaucoup les choses, et j'espère que mes collègues me le pardonneront, on pourrait dire que l'économiste, par exemple, va étudier les conjonctures, les tendances courtes et ce qui peut en résulter à court ou à moyen terme. Les sociologues introduisent des tendances un peu plus longues, et aussi les phénomènes structurels. Les sociologues ou les anthropologues vont montrer qu'un événement, un comportement, un fait social n'est pas autonome, mais qu'il se situe dans une structure qui le conditionne. L'historien est davantage celui qui fait le lien avec les tendances longues. S'il considère un événement, il s'efforce de le situer dans la séquence ou le système de séquences et de rapports dont il relève et qui contribue à l'expliquer, de sorte qu'on puisse comprendre un peu mieux les directions, les tendances en train de se préparer. Tout cela, c'est un raisonnement qui se construit entièrement en référence avec ce qu'il y a de plus actuel. Moi, c'est de cette façon, en tout cas, que j'ai toujours vu le rôle de la science historique ; c'est ce qui m'a attiré vers cette discipline.

M. L. Beau paradoxe ! L'historien spécialiste du présent.

G. B. Oui, à sa façon ; on pourrait conclure là-dessus. Pour aujourd'hui.

M. L. Je veux ajouter un mot sur mon rôle à moi, celui de vulgarisateur. La vulgarisation, c'est l'art d'expliquer simplement les idées complexes. Ça s'est fait beaucoup dans le domaine scientifique, presque pas en sciences sociales. C'est un travail difficile qu'on fait parce qu'on est las du simplisme des débats politiques et de l'apparente complexité insurmontable des phénomènes sociaux. Ça peut se faire dans les médias, mais avec une insupportable rapidité pour qui veut approfondir et sortir du débat contradictoire quotidien et répétitif. C'est pour ça qu'on fait parfois des livres. La vulgarisation n'a qu'un objectif légitime, aider à comprendre.

Merci de vous être laissé vulgariser et au revoir, cher universitaire…

Table des matières

MISE EN PAGES ET TYPOGRAPHIE :
LES ÉDITIONS DU BORÉAL

ACHEVÉ D'IMPRIMER EN NOVEMBRE 1999
SUR LES PRESSES DE L'IMPRIMERIE AGMV MARQUIS
À CAP-SAINT-IGNACE (QUÉBEC).